I0407710

Alphonse Esquiros

Les enfants trouvés

Essai

Le code de la propriété intellectuelle du 1er juillet 1992 interdit en effet expressément la photocopie à usage collectif sans autorisation des ayants droit. Or, cette pratique s'est généralisée dans les établissements d'enseignement supérieur, provoquant une baisse brutale des achats de livres et de revues, au point que la possibilité même pour les auteurs de créer des œuvres nouvelles et de les faire éditer correctement est aujourd'hui menacée. En application de la loi du 11 mars 1957, il est interdit de reproduire intégralement ou partiellement le présent ouvrage, sur quelque support que ce soit, sans autorisation de l'Éditeur ou du Centre Français d'Exploitation du Droit de Copie , 20, rue Grands Augustins, 75006 Paris.

ISBN : 978-1542775830

10 9 8 7 6 5 4 3 2 1

Alphonse Esquiros

Les enfants trouvés

Essai

Table de Matières

L'HOSPICE DE PARIS

Depuis un demi-siècle, des économistes et des hommes d'état avaient signalé l'accroissement du nombre des enfants trouvés dans nos hospices comme un fait chargé d'embarras pour l'avenir. Necker avait prédit que le moment viendrait où l'excès du mal forcerait l'autorité d'y chercher un remède. Ce moment est arrivé. Les conseils-généraux, qu'afflige l'impôt de plus en plus onéreux des enfants trouvés, ont fait entendre, sur plusieurs points de la France, un cri de détresse. Ce cri a trouvé des échos dans les diverses branches de l'administration supérieure. Le gouvernement, épouvanté à son tour de la nature et de l'intensité d'un mal dont tout lui révélait les progrès, a réclamé le concours et les lumières de la science pour arrêter le fléau dans sa marche. Les avis ont été partagés, contradictoires. Tout le monde convient qu'il y a quelque chose à faire ; mais on n'est pas d'accord sur les moyens qui doivent accomplir cette réforme nécessaire et hérissée d'obstacles. Par où commencer ? La statistique a dévoilé des faits ; elle n'a presque rien appris sur les causes du mal ni sur la nature du remède. S'il ne s'agissait que de réduire à tout prix le chiffre annuel des dépenses dans le service des enfants trouvés, l'entreprise ne serait point encore très facile ; mais il s'agit en outre de la conservation de l'enfance, c'est-à-dire de ce qu'il y a de plus faible, de plus touchant et de plus digne d'intérêt sur la terre. Sous une question de chiffres en apparence, c'est le cœur humain tout entier que nous rencontrons ici à chaque pas, le cœur humain avec ses faiblesses et ses attachements, avec ses misères et ses affections délicates. Le point de vue financier, quoique important et considérable sans doute dans une telle matière, nous paraît devoir être subordonné en théorie au point de vue moral. Il est temps d'appeler au secours de la législation actuelle sur les enfants trouvés, non cette économie publique, sans entrailles, qui ne voit partout que calculs, mais cette économie humaine, sœur de la charité, qui embrasse à la fois tous les intérêts, toutes les souffrances, dans ses recherches et ses solutions prévoyantes.

Un hospice s'élève dans Paris pour les enfants délaissés ; la fondation de cet hospice remonte à des évènements connus, sur lesquels nous reviendrons en peu de mots. Avant qu'il existât

Alphonse Esquiros

un asile pour les recevoir, le sort des enfants exposés, dans la ville de Paris, était déplorable. Jetés nuitamment *à val les rues*, ou déposés en *certain* lit à l'entrée de l'église Notre-Dame, ils n'avaient guère d'autres secours à attendre que ceux de la charité privée. Ces secours précaires, éventuels, ne sauvaient qu'un très petit nombre de victimes. Le cœur des habitants s'endurcissait à des maux qu'ils avaient sans cesse sous les yeux, et les enfants mouraient. Les commissaires du Châtelet retiraient chaque matin des égouts plusieurs cadavres de nouveau-nés. En 1636, une veuve (on rencontre de siècle en siècle les traces d'une femme sur cette voie épineuse de la bienfaisance) recueillit de ses deniers un bon nombre de ces innocents dans sa propre maison. Cette veuve demeurait dans une rue étroite et sombre, près de Saint-Landry. Sa vieille maison à ogives et à colonnettes était connue sous le nom de *la Couche*. On y apportait les enfants relevés çà et là dans les rues de la ville ; mais la maison était petite et le mal était grand : ceux que l'exiguïté du local empêchait d'admettre étaient exposés de nouveau. Un jour, la veuve de Saint-Landry mourut ; avec elle se retira de la grande ville la providence des enfants trouvés. La bonne dame avait laissé des fonds pour continuer son œuvre, mais elle n'avait pas laissé son cœur dans la petite maison de *la Couche*, qui devint bientôt le théâtre d'un indigne commerce et des plus honteux abus. Le désordre était au comble quand M. Vincent (c'est ainsi qu'on nommait alors un ecclésiastique de Provence) alla visiter l'établissement dont la mort avait enlevé la bienfaitrice. Quel spectacle ! De petits êtres, jetés les uns auprès des autres et mêlés à des cadavres, se tordaient en criant sur de fétides grabats. Le bon prêtre s'en retourna consterné. Bientôt cependant une résolution prompte comme l'éclair déchire le voile de ténèbres et de mélancolie dont son âme était couverte. — Avec l'aide de Dieu, s'écrie-t-il, je sauverai ces enfants ! — Mais que pouvait-il par lui-même ? Cet homme avait le génie de la charité ; il comprit qu'il fallait intéresser les femmes à son œuvre. On sait le reste. Vincent de Paule commença par former une association à l'aide de laquelle on loua, en 1638, une petite maison à la porte Saint-Victor. Il n'était pas encore content ; il se disait que son œuvre finirait comme les précédentes, s'il ne parvenait à la faire revêtir d'un caractère public : les hommes passent, la société reste.

L'HOSPICE DE PARIS

Vincent de Paule fit monter sa voix ou plutôt le cri des petits enfants jusqu'à la cour. Le roi Louis XIII accorda à l'œuvre des enfants trouvés les bâtiments de Bicêtre, ce sombre château où se sont promenées toutes les grandeurs et toutes les misères humaines. L'air y était trop vif pour les nouveau-nés. L'hospice des Enfants-Trouvés de Paris, situé plus tard au faubourg Saint-Lazare et en dernier lien rue Notre-Dame, dans une maison appelée *la Marguerite*, fit venir des nourrices auxquelles on donna des nourrissons pour les élever à la campagne. Au bout de six ans, ils revenaient à la maison de Paris, où l'on s'occupait du soin de leur éducation. A l'âge de dix à onze ans, on les mettait en apprentissage ; enfin, lorsqu'ils avaient atteint leur seizième année, ils recevaient, pour dernier secours, une somme qui les aidait à commencer l'exercice de l'état qu'ils avaient choisi. Ce régime dura ainsi pendant un siècle et demi ; la révolution y finit fin. L'hospice des Enfants-Trouvés changea d'abord d'emplacement : l'ancienne abbaye de Port-Royal et la maison d'institution de l'Oratoire, situées à l'extrémité méridionale de Paris, formèrent les deux sections de l'*Hospice de la Maternité*. Ce transfert, motivé par les améliorations et les accroissements du service, reconnaissait encore une autre cause. Les monuments ont, comme les diverses productions du sol, leur loi géographique ; ils sont nécessités par la nature et les besoins des quartiers au sein desquels nous les voyons s'élever. Les femmes pauvres accouchaient autrefois à l'Hôtel-Dieu dans des lits à trois ou à quatre, et les enfants dont on voulait se défaire étaient déposés, comme nous l'avons dit, dans une maison voisine. Cette situation des établissements de secours tenait à ce que la Cité était alors le centre de la misère et de la débauche. A la chute des ordres religieux qui couvraient de jardins, d'églises et de bâtiments immenses le plateau méridional de Paris, la classe pauvre se déplaça. Elle vint habiter le quartier Saint-Marceau et l'extrémité du faubourg Saint-Jacques, qui forment aujourd'hui le 12e arrondissement, — le plus riche de tous les arrondissements de Paris en misères physiques et morales. Comme il existe un rapport constant entre la destination des établissements publics et le caractère de la population qui les entoure, les deux hospices de l'accouchement et de l'allaitement suivirent alors la marche de la classe inférieure qui émigrait du centre vers un des points

Alphonse Esquiros

excentriques de la ville. A cette raison topographique ajoutons une raison morale. Par un sentiment de délicatesse, ceux qui ont institué les tours ont voulu que les hospices d'enfants trouvés fussent placés à l'écart, dans des lieux isolés, pour ne point effaroucher la pudeur qui se cache, ou ne point faire rougir la misère qui pleure. A ces maisons de mystère il faut l'ombre, la solitude et le silence.

L'alliance intime qu'on avait voulu établir entre les deux sections de l'hospice de la Maternité (celle des femmes en couche et celle des enfants trouvés) fut bientôt reconnue entachée de quelques inconvénients. On brisa le lien financier qui les unissait : les dépenses de la maison d'accouchement furent déclarées à la charge de la ville de Paris ; celles de la maison des enfants trouvés firent au contraire partie du budget de l'état, et durent être acquittées sur le produit des centimes additionnels. A partir de ce jour, la division de l'hospice appelé *la Maternité* en deux établissements bien distincts fut tout-à-fait consommée. Le nom collectif qui désignait ces deux institutions périt lui-même dans l'évènement qui les sépara. On regarda comme dérisoire d'attacher l'idée des devoirs les plus touchants et des affections les plus douces de la nature à un double établissement où les femmes renonçaient au contraire, pour la plupart, au titre de mère. Quoi qu'il en soit de ce scrupule et de la mesure administrative qui sépara la maison d'accouchement de l'asile des enfants trouvés, ces deux hospices ont continué de tenir l'un à l'autre par d'autres liens que ceux du voisinage. La maison d'accouchement, située rue de la Bourbe, fournit douze ou quinze cents enfants par an à la maison d'allaitement, placée rue d'Enfer. Il existe encore entre ces deux établissements d'autres rapports moraux, et, quoique le sujet de nos études touche surtout ici à l'asile de l'enfance, nous aurons souvent besoin de nous transporter de l'ancienne abbaye de Port-Royal à l'ancienne institution de l'Oratoire.

Célèbre par ses malheurs, cette ancienne abbaye de Port-Royal de Paris servit d'abord de décharge à Port-Royal des Champs. Tout ce que le siècle de Louis XIV eut de grand a passé là. Marguerite Périer, nièce de Blaise Pascal, y obtint une guérison qui fut regardée alors comme miraculeuse ; Mme de Sévigné contribua, avec beaucoup d'autres femmes de naissance, aux dépenses du bâtiment et de la chapelle ; la duchesse de Fontange y fut, enterrée.

« Tout le monde sait, disaient les registres de l'abbaye, le crédit que cette demoiselle eut auprès du roi. » Louise-Marie de Gonzague de Clèves, qui fut reine de Pologne, avait été élevée dans cette maison. Le cœur se trouble quand on songe au changement de destination qu'ont subi de nos jours les bâtiments à demi ruinés de cette abbaye sévère. Comment l'asile de la prière et de la chasteté est-il devenu un hôpital de femmes enceintes qui viennent pour la plupart se délivrer des suites du libertinage ? Où êtes-vous, Angélique Arnaud, vous dont le nom seul répandait un parfum de vertu dans cette solitude ? Hâtons-nous de dire que les traces de la sainte janséniste ne sont pas entièrement effacées dans la nouvelle maison d'accouchement. Des sœurs infirmières ont succédé aux anciennes religieuses de l'ordre de Cîteaux. Consolons-nous la charité vaut la prière ; aux yeux même de la foi, l'hôpital est une église où l'on assiste Dieu dans ses malades.

Le second établissement affecté aujourd'hui au service des enfants trouvés était une succursale où les pères de l'Oratoire, qui avaient leur maison rue Saint-Honoré, exerçaient pendant une année aux pratiques religieuses les novices qui se destinaient à entrer dans la congrégation. La maison jouissait de beaux revenus, et était assez grande non-seulement pour loger la communauté, mais même pour fournir des appartements à plusieurs personnes de, distinction qui venaient, comme on disait alors, y travailler à la *seule affaire nécessaire*. C'est de là que sont sortis pénitents les abbés de Rancé et Le Camus. Un jardin spacieux et planté d'arbres qui donnaient du couvert dans les plus grandes chaleurs s'étendait çà et là dans la campagne, sans autre défense qu'un mur de clôture. Aujourd'hui ce jardin a été fort entamé et fort resserré par les constructions voisines qui sont venues s'établir sur ces terrains, rejetés, avant la révolution, en dehors de la barrière. Les bâtiments seuls, quoique retouchés, ont conservé ce caractère imposant et cénobitique dont l'esprit religieux savait revêtir ses moindres ouvrages. L'entrée de la chapelle, qui s'ouvrait autrefois sur la rue d'Enfer, a été brutalement masquée par un mur. La façade, quoique simple, est d'une ordonnance agréable. Un Enfant-Jésus au maillot sort d'un nuage de pierre dans lequel flottent des têtes d'anges. On lit sur la frise qui accompagne cette figure le passage suivant tiré de l'Évangile : *Invenietis infantem, pannis involutum*. Plus haut, une

Alphonse Esquiros

autre inscription latine donne l'explication de ce texte et de l'image taillée au ciseau sur la muraille : *Sanctissimœ trinitati et infantioe Jesu sacrum.* Cette église était en effet consacrée au mystère de la sainte enfance de Jésus-Christ. Par quel hasard, nous dirions volontiers par quelle providence, ces murs, destinés à recueillir plus tard l'enfance abandonnée, furent-ils élevés dès l'origine en l'honneur de l'Enfant-Dieu couché dans une crèche et enveloppé de misérables langes ? On adorait la pauvreté du premier âge dans ces mêmes lieux où l'on s'occupe maintenant à la secourir.

Pendant la journée, l'hospice des Enfants-Trouvés ne présente à l'extérieur rien de remarquable. Ses fonctions ne commencent, pour ainsi dire, qu'à l'heure des ténèbres et du crime. Il est minuit : la rue d'Enfer est déserte ; les lumières, le bruit, le mouvement des voitures publiques, tout s'éteint de moment en moment. Une pâle clarté tombe des étoiles et de la lune sur les maisons endormies, sur la double rangée d'arbres qui bordent l'avenue de l'Observatoire, sur cet édifice même, qui détache dans un coin obscur du ciel sa masse tronquée. Au milieu de cette nuit silencieuse, au milieu de ce grand sommeil qui enveloppe de son aile un des quartiers les plus paisibles et les plus reculés de la ville, n'apercevez-vous pas, à l'une des fenêtres de l'hospice qui s'ouvrent au rez-de-chaussée sur la rue d'Enfer, une lampe allumée derrière un rideau de toile ? Quelquefois encore, sur un des points élevés de l'Observatoire, une lunette, dirigée par une main invisible, guette le lever des astres et les mouvements du ciel. Voilà les seuls objets qui annoncent à cette heure avancée la présence de l'homme au milieu de la solitude et du repos. Marchez doucement, passant attardé, et recueillez-vous : cette lunette qui regarde, c'est la science ; cette petite lumière qui veille, c'est la charité ! Cependant le léger tintement d'une clochette avertit votre oreille ; un cylindre de bois, fixé dans le mur de l'hospice, exécute un demi-mouvement de rotation sur lui-même ; une femme, couverte d'un long châle, la tête cachée sous un voile noir, glisse furtivement à côté de vous dans l'ombre. C'en est fait, le mystère d'abandon est accompli : un pauvre nouveau-né vient de tomber dans la fosse commune de la charité, où il perd, en commençant de vivre, son nom et son existence civile.[1]

---

1 Nous avons cru devoir indiquer l'état de l'hospice de Paris jusqu'au commencement de 1846, sans nous préoccuper des changements plus ou moins prochains

Que se passe-t-il cependant derrière ce rideau impénétrable, dans cette chambre où brille une petite lumière ? La pierre, moins dure que le cœur de la mère dénaturée, la pierre s'est ouverte, et elle a donné passage à l'enfant, qui se trouve ainsi porté dans des bras charitables. Parlons sans figures : le tour, décrivant un demi-cercle, et présentant au dehors, sur la rue, son côté vide, a reçu le nouveau-né et l'introduit dans l'hospice, en achevant son évolution. Une sœur hospitalière est là qui veille. Son premier soin est de placer le nouveau-né dans un berceau. Cet enfant du bon Dieu est toujours le bienvenu. S'il porte sur lui une médaille, un chiffre, un objet quelconque, la sœur conserve précieusement ces signes, qui peuvent servir dans la suite à le faire reconnaître. Les statistiques ne sont pas d'accord sur le sexe qui fournit le plus de victimes à l'exposition ; on a longtemps cru que c'était le sexe le plus faible ; une fille est, disait-on, un fardeau incommode et onéreux dont les parents doivent tenir à se décharger. A Paris, les résultats se balancent ; il n'y a pas plus de filles que de garçons délaissés. Il est fort difficile de déterminer la proportion des enfants naturels et celle des enfants légitimes. L'administration ne peut exercer ici son jugement que sur des indices extrêmement vagues. On a bien eu quelquefois la précaution de joindre aux langes qui l'enveloppent une déclaration de père et de mère ou quelques autres indications ; mais ces renseignements, qui n'ont d'ailleurs pas toujours une authenticité absolue, manquent dans le plus grand nombre de cas, et la statistique en est alors réduite à conjecturer sur le silence. De 1816 à 1835, les enfants présumés légitimes figurent pour le chiffre de 6,774, contre 96,415, supposés naturels. Il n'est pas non plus sans intérêt de savoir quels sont les mois de l'année les plus chargés d'expositions : selon le témoignage du directeur de la maison, ce sont les mois d'hiver. Nous devons ajouter que Paris n'alimente pas seul l'hospice de la Maternité. Cet établissement est une sorte de dépôt central où l'on apporte des enfants de vingt lieues à la ronde. L'administration entrevoit avec inquiétude le moment où, nos grandes lignes de chemins de fer étant établies sur toute la France, la facilité des moyens de communication attirerait encore un plus grand nombre d'expositions dans Paris, et augmenterait ainsi la charge de l'hospice.

---

qui doivent modifier le système d'admission suivi jusqu'à ce jour.

Alphonse Esquiros

Un profond mystère entoure la maison des Enfants-Trouvés. Les registres, les règlements, les actes officiels, tout est tenu secret. L'entrée même des bâtiments est interdite aux étrangers. Ce mystère a pour objet d'empêcher le père ou la mère qui aurait abandonné un enfant de suivre ses traces dans l'intérieur de l'hospice. Malgré cette défense, nous avons visité la *crèche*, l'infirmerie, les écoles.[1] La crèche (dont le nom tout chrétien rappelle une des influences qui ont le plus contribué dans le monde à adoucir le sort des enfants trouvés) est une salle longue, spacieuse, bien aérée. Cette salle est garnie d'une double ou d'une triple rangée d'environ quatre-vingts berceaux en fer. Des rideaux d'une blancheur irréprochable protègent le sommeil des nouveau-nés. On a d'ailleurs eu soin de modérer la lumière dans toute l'étendue de la crèche, pour ne point offenser des yeux à peine entr'ouverts et encore peu familiarisés avec le grand jour. Le parquet est frotté à la cire. Un feu de bois flambe en toute saison dans une cheminée haute et vaste. Des berceuses, habillées d'une grosse étoffe noire, président, sous la surveillance des sœurs de la charité, à la bonne tenue des enfants. Ces sœurs, dont le costume n'a point varié, portent une médaille qui représente leur vénérable fondateur, celui que l'église nomme saint Vincent de Paule. Quelques-unes d'entre elles ont vieilli dans ce service.[2] Les soins dont ces nouveau-nés sont l'objet ont, en vérité, un caractère tout maternel. Les berceuses ne doivent pas leur donner à boire dans leur berceau, mais les prendre et les tenir entre les bras ; elles doivent également les changer de linge devant le feu de la cheminée. Tout cela est bien prosaïque sans doute, mais tout cela est bien touchant. Nous ne voudrions pas que les femmes qu'une funeste indifférence éloigne de leurs enfants fussent témoins de ce spectacle : nous craindrions que les soins <u>délicats dont les</u> nouveaux venus dans l'hospice sont entourés ne

1 L'administration a bien voulu se relâcher un peu en notre faveur de sa réserve habituelle. Le directeur, M. Gourousseau, nous a fait pénétrer dans toutes les parties de la maison qui présentent quelque intérêt. Nous avons rencontré surtout dans M. le docteur Baron, médecin en chef des Enfants-Trouvés, cette obligeance et ces lumières qui sont toujours le partage des hommes distingués. Il serait injuste d'oublier MM. Terme et Montfaucon, dont les beaux travaux statistiques ont servi à fixer nos observations personnelles.

2 Nous aimons à rappeler ici le nom déjà oublié de la sœur Guillot, qui, durant cinquante-deux années d'un dévouement admirable, avait reçu et soigné plus de 360,000 enfants quand l'établissement la perdit.

L'HOSPICE DE PARIS

rassurassent trop leur conscience sur la manière dont elles seraient suppléées dans leurs devoirs de mère. La vérité est qu'aucun de ces pauvres petits êtres ne recevrait à domicile les secours généreux qui leur sont prodigués ici par l'état et par des mains étrangères toujours prêtes à les accueillir.

Le service médical est très bien fait. Les enfants sont visités tous les matins, et les prescriptions du docteur sont assez bien suivies. Le résultat de ces soins et des progrès de la science a été de réduire le chiffre de la mortalité pour les enfants trouvés. Autrefois cette mortalité était effrayante. S'il faut en croire une statistique flatteuse, le mouvement de destruction naturelle, qui enlevait encore au commencement de ce siècle une si forte proportion de nouveaunés dans l'hospice de Paris, aurait diminué de près des trois quarts. Nous ne garantissons pas l'exactitude du chiffre ; toujours est-il qu'il ne faut plus guère chercher dans les agents extérieurs sous l'influence desquels se trouve placée la vie de l'enfant durant son séjour à la Maternité la cause d'un fléau exceptionnel. Non, cette cause doit être cherchée dans l'enfant lui-même, ou, si l'on aime mieux, dans les circonstances qui ont précédé son entrée à l'hospice. La plupart des petits êtres que des bras inconnus délaissent nuitamment dans le tour de la rue d'Enfer ont été conçus au milieu de circonstances désastreuses. Quelques-uns sont nés de l'orgie ; d'autres sont le produit d'une extrême misère : ceux-ci ont souffert dans le ventre de leur mère d'une grossesse dissimulée ; ceux-là ont vu le jour sous les toits, dans des greniers ouverts à tous les vents ; ils sont raidis par le froid, au moment où le tour les amène dans l'hospice. Que peut la science sur de pareils cadavres ? Enfin nous devons dire que l'état de maladie de plusieurs de ces enfants paraît avoir décidé leur abandon : leur mère les eût gardés vivants ; mourants, elle les apporte pour ne point être témoin de leur triste sort. Comme Agar dans le désert, qui dépose son enfant sous un arbre et qui s'éloigne pour ne point le voir mourir, quelques femmes jettent leur enfant à l'entrée de l'hospice, et s'en vont en détournant la tête, car elles désespèrent de le conserver et ne veulent point assister à son agonie.

On conçoit qu'avec de tels antécédents l'hospice soit le tombeau d'une très forte portion des enfants trouvés, surtout durant les premiers jours qui suivent leur admission. Tous les enfants

Alphonse Esquiros

malades sont envoyés à l'infirmerie. Cette section de l'hospice offre, comme la crèche, un tableau parfait de bonne tenue et de propreté. Les médecins sont secondés dans leurs fonctions par des religieuses et des filles de service. On remarque des différences dans la manière dont ces femmes traitent les nouveau-nés chétifs qui leur sont confiés. Toutes ont bonne volonté, elles montrent en général de l'exactitude, mais celles-là seules mettent dans l'exercice de ces pénibles travaux de l'affection et de l'attrait, qui ont reçu de la nature l'amour des enfants. Il ne suffit pas d'être pieuse et charitable pour soigner comme il faut ces nouveau-nés si peu intéressants, il faut être mère. Si la maladie n'est point étrangère à la détermination qui fait abandonner les enfants, il doit en être de même, à plus forte raison, de la difformité. L'hospice reçut, il y a quelques années, un petit être dont toute la figure n'était qu'une lèpre. Au moment où il avait été jeté dans le tour de la maison, la religieuse qui veillait recula d'horreur à sa vue. Nous avons rencontré cet enfant à l'infirmerie. La mère qui a repoussé ce malheureux, sans doute à cause de sa laideur effrayante, rougirait peut-être de sa lâche action, si on lui remontrait à cette heure un frais et beau garçon de quatre à cinq ans, que des soins étrangers ont pour ainsi dire rendu à l'espèce humaine.

La partie la plus attristante de cette maison, si chargée d'infortunes et d'infirmités, est celle où l'on soigne les enfants atteints d'ophthalmies. Ces petits êtres défigurés ne sont pas les seules victimes que nous devions plaindre : leur terrible maladie est contagieuse, et déjà deux ou trois infirmières ont perdu la vue dans ce service. Que diraient les filles débauchées, les femmes égoïstes et insouciantes qui *oublie* leur enfant dans le tour de l'hospice, en voyant, comme nous l'avons vu, des sœurs de la charité, de simples filles de service, presque sans autre motif que celui du devoir ou du besoin, risquer leur santé, leurs yeux même, pour dérober à une cécité éternelle de petites créatures qui ne leur sont rien, et qui ne leur auront même point de reconnaissance ? Si nous pardonnons aux unes, combien ne devons-nous pas encourager les autres ! On ne saurait trop louer en général le dévouement anonyme des religieuses de Saint-Vincent de Paule, de ces vierges-mères qui prodiguent leurs soins et leur tendresse aux petits enfants sans connaître jamais pour leur compte les joies du mariage ni les douceurs de la maternité. A elles les peines, les travaux, les fruits amers de ces voluptés illicites dont d'autres ont cueilli secrètement la fleur. Et quelle est leur récompense ? Le monde les plaint, la société les ignore ; Dieu seul les connaît pour nous, et bénit leur œuvre.

Nous avons suivi le nouveau-né depuis son entrée dans l'hospice ; il s'agit maintenant de satisfaire au plus essentiel de ses besoins, à l'alimentation. Une nourrice que la maison loge depuis quelques jours est ordinairement là toute prête. Elle va sans doute lui offrir son sein ? Non la prudence défend de le faire avant que l'enfant ait été examiné. Si ce nouveau-né nous touche par son malheur, la femme qui se présente pour le nourrir et pour remplir vis-à-vis de lui les devoirs de mère n'est pas moins digne de notre intérêt. Or, aux yeux de l'administration, tout enfant qui arrive par la voie du tour est suspect. Craignant chez lui la présence de quelque maladie occulte qui se communique, on le soumet à une épreuve de deux ou trois jours ; c'est juste le temps qu'il passe à l'hospice, et durant lequel on le nourrit uniquement au gobelet ou à la cuiller. Cette épreuve est insuffisante pour prévenir tous les accidents : le germe de la maladie odieuse que les enfants trouvés apportent quelquefois avec eux ne se développe souvent qu'au bout d'un mois. Il en résulte que, malgré la surveillance du médecin, l'hospice de Paris a tous les ans une quarantaine de nourrices infectées. Quand un enfant présente quelques signes de mauvais augure, on l'isole et on le nourrit artificiellement jusqu'à ce que la maladie ait eu le temps de se déclarer. Ces précautions sont très sages. On ne peut disconvenir, d'un autre côté, que le mode d'alimentation auquel l'hospice est forcé, dans ce cas, d'avoir provisoirement recours ne soit nuisible à la santé du nouveau-né ; mais qu'y faire ? On rencontre à chaque pas, dans le service des enfants trouvés, des nécessités puissantes vis-à-vis desquelles, entre deux maux, il faut savoir bravement choisir le moindre.

Quoique atténuée par les progrès de la science médicale, la mortalité des enfants trouvés, dans l'hospice de Paris, n'en est pas moins très considérable. On en perd un peu plus d'un quart. Les causes de cette mortalité doivent être cherchées d'abord, comme nous l'avons dit, dans l'enfant : elles résident ensuite dans les nourrices.

Alphonse Esquiros

L'administration traitait autrefois avec les nourrices par l'intermédiaire des *meneurs*. Ces hommes étaient de simples charretiers : ils amenaient dans leur voiture, à la maison de Paris, des femmes de la campagne, plus ou moins récemment accouchées. L'existence des meneurs s'explique par la quantité d'enfants qui réclament le sein, et par la difficulté qu'il y a de satisfaire à leurs besoins. Une partie des fonctions de ces messagers consistait donc à pourvoir l'hospice des moyens d'allaitement ; véritables maquignons de nourrices, ils s'en allaient recrutant dans les communes et conduisant avec eux, à la maison de la rue d'Enfer, toutes celles qui voulaient bien les suivre. Cette industrie donnait très anciennement lieu à des abus que le temps dévoila et qui furent réprimés. Des meneurs venus d'une province éloignée se chargeaient d'amener des enfants qu'à leur arrivée ils déposaient clandestinement dans le tour de l'hospice. Ils obtenaient ensuite, à l'aide de secrètes manœuvres, que ces mêmes enfants leur fussent remis pour les conduire à la campagne. Les nourrissons revenaient ainsi dans leur famille, mais ils y revenaient aux frais de la maison des Enfants-Trouvés. On a vu une mère apporter elle-même son nouveau-né des environs d'Autun et l'abandonner, dans l'espérance de le ravoir au bout de quelques jours avec les mois de nourrice. La maladresse d'une meneuse nouvelle, qui était dans le secret, fit découvrir la fraude. A l'époque même où ces désordres avaient depuis longtemps disparu, le service des meneurs était encore très loin de répondre à tous les besoins de l'administration. Un de ces besoins est la visite des enfants placés à la campagne. Les meneurs n'avaient ni les lumières suffisantes, ni le caractère convenable pour exercer sur les nourrices de leur arrondissement une surveillance efficace. L'administration crut bien faire en les réformant. Une partie du service des anciens meneurs est aujourd'hui remplacée, dans les communes, par des *préposés*. Ces derniers sont chargés d'inspecter les enfants trouvés disséminés sur leur arrondissement, et de s'entendre avec l'administration pour le choix des nourrices. La suppression des meneurs est une mesure louable, et cette légère amélioration amena quelques autres progrès.

L'hospice de Paris reçoit des nourrices de la campagne et des nourrices sédentaires. Celles qui sont à demeure gardent et nourrissent dans la maison les enfants plus faibles, à l'égard desquels on pourrait craindre la fatigue d'un voyage. Dès qu'un de ces enfants est reconnu assez fort pour être transporté sans danger à sa destination, on le retire à sa nourrice et on le remplace par un autre. Combien sont ingrates de telles fonctions, on le comprend sans peine : la femme qui sait que son nourrisson lui sera enlevé dans quelques mois ne peut ni s'attacher à lui, ni prendre d'attrait à ses devoirs. Simples machines à lactation, les nourrices sédentaires donnent mécaniquement leur sein à des nouveau-nés chétifs et malingres, dont elles n'obtiendront pas même un sourire. Comme s'il ne suffisait pas de ces motifs de répugnance pour éloigner de la Maternité les bonnes nourrices, on commettait anciennement la faute de les charger de deux nourrissons à la fois. Une pareille tâche a été reconnue au-dessus des forces de la nature : ce qui est possible à la campagne, au grand air, au milieu de l'abondance rustique des moissons et des vendanges, ne l'est plus avec la mélancolique réclusion d'un hospice. Ces nourrices à demeure sont en général des filles-mères. A la mortalité qui règne sur les maisons d'enfants trouvés, à la vie monotone qu'on mène dans ces établissements réguliers et tristes, ajoutez, pour de telles mercenaires, la nécessité de se séparer de leur ménage, l'inquiétude qui résulte de cet abandon, et vous sentirez qu'en effet des femmes mariées, si pauvres qu'elles soient, doivent rarement se condamner à une captivité si dure. Par la misère qui court et malgré les moyens qu'emploie l'administration, il y a des temps dans l'année où l'hospice manque de nourrices sédentaires, soit qu'il n'en arrive pas dans ce moment-là en proportion des exigences du service, soit que plusieurs d'entre elles aient perdu leur lait. Ce dernier accident est en général la conséquence de l'ennui que ces femmes éprouvent et des travaux contre leur goût auxquels on les assujétit dans l'intérieur de la maison. Cette disette de nourrices sédentaires est un inconvénient très grave et une cause de mortalité pour les enfants qu'on garde dans l'établissement de Paris. On est alors obligé de recourir à une nourriture artificielle qui ne supplée jamais heureusement l'usage du sein. L'enfant reste ainsi dix ou douze jours privé de l'allaitement naturel. L'embarras où se trouve, dans de pareils moments, le service médical, les accidents qui en résultent, ont fait imaginer deux ou trois fois de confier à un autre

Alphonse Esquiros

système d'alimentation le soin du nouveau-né. En 1803, quatre enfants sucèrent à la Maternité le lait d'une chèvre : tous les quatre périrent. L'expérience a été renouvelée depuis, non à la maison de la rue d'Enfer, mais dans les hospices de province : en général, les résultats n'ont guère été plus heureux. C'est surtout vis-à-vis des enfants trouvés que la nature maintient ses droits.

Outre les nourrices sédentaires, l'hospice a un grand nombre de nourrices à la campagne. En général, l'administration se voit contrainte d'aller les chercher dans les provinces éloignées du centre. On conçoit, en effet, que la facilité dont jouissent, pour utiliser leur lait, les nourrices de la Normandie, de la Flandre, de la Beauce et des autres localités voisines de la capitale, doit les détourner de tout engagement avec la maison des Enfants-Trouvés, qui ne peut leur offrir qu'un très faible salaire. On est donc obligé de recruter les forces nourricières sur un rayon de soixante-dix à quatre-vingts lieues de distance, pour que les besoins de l'allaitement soient pourvus dans l'hospice de Paris. Comme ces besoins sont énormes et sans cesse renaissants, on prend à peu près ce qui se rencontre. Rien pourtant n'est plus grave que le choix des nourrices, car, il faut bien le dire, le sort de ce nouveau-né que nous venons de voir endormi dans son berceau va être lié désormais pour plusieurs années, souvent même pour toute la vie, au sort de la femme dans les bras de laquelle l'administration va le remettre. Si la nourrice est très pauvre, elle fera partager sa triste et chétive condition à l'enfant trouvé. Affaiblie par la misère, cette femme, qui donne son lait, inoculera sa faiblesse à son nourrisson ; peut-être succombera-t-elle même à l'œuvre, et la charité publique aura fait, sans le vouloir, deux victimes au lieu d'une. Quoique appartenant à la classe la moins aisée de nos campagnes, les nourrices que reçoit la Maternité sont, nous devons le dire, d'une qualité peu inférieure à celle des nourrices ordinaires. Les enfants trouvés placés à la campagne ne sont donc pas, en général, plus maltraités que d'autres ; ils sont seulement soumis aux chances d'un partage qui établit entre eux des inégalités de bien-être, selon qu'ils échoient à des mains dures ou nécessiteuses, ou qu'ils sont mis en nourrice dans des familles aisées.

Les bâtiments de la Maternité logent, en toute saison, seize à vingt femmes de la campagne qui attendent des nourrissons. Après un séjour de courte durée dans l'établissement, elles retournent dans leur pays, emmenant avec elles l'enfant que l'administration leur délivre. Pour ces nourrices, comme pour le nouveau-né qu'elles emportent à leur sein, l'hospice n'a donc été absolument qu'un lieu de passage. L'éloignement du pays où elles se rendent étant, comme nous l'avons vu, un inconvénient lié à la force même des choses, il faut nous occuper maintenant des moyens de franchir cette distance. Il y a quelques années, l'administration se servait encore à cet effet du ministère des *meneurs*. Le voyage était long, pénible, insupportable. Ces hommes disposaient d'une étroite charrette où l'on entassait les nourrices avec leurs nourrissons ; l'incommodité qui résultait du mauvais air, des cris des enfants et des cahots de la voiture fit naître l'idée de changer un mode de transport si défectueux. Ajoutez à ces inconvénients que la cherté des auberges forçait les meneurs de stationner en route dans de pauvres hôtelleries, les seules qui fussent toujours ouvertes et accessibles pour eux, mais où les nourrices étaient fort maltraitées. Le même voyage, qui durait autrefois douze et quatorze jours, n'en dure plus que trois ou quatre. L'administration a depuis quelque temps adopté un nouveau système de voitures à peu près semblables à nos omnibus, construites seulement avec plus de solidité, en vue des fatigues d'un service de diligences. Aujourd'hui les nourrices de l'hospice voyagent de toutes les manières ; quelques-unes ont continué de faire route à petites journées ; la plupart d'entre elles vont en poste ; enfin il y en a déjà qui circulent par les chemins de fer. Ce dernier moyen de transport serait sans comparaison le plus utile de tous pour abréger, pour supprimer même la distance ; il ne se trouve malheureusement pas très en rapport avec les faibles ressources dont l'établissement dispose. L'administration est en train, dans ce moment-ci, de traiter avec les directeurs des grandes lignes pour obtenir des conditions plus favorables. L'hospice ne pouvant se servir, dans tous les cas, que des wagons de troisième classe, il y aura toujours un inconvénient grave à exposer, comme sur le chemin de fer de Rouen ou d'Orléans, des femmes qui nourrissent et de faibles nouveau-nés à toutes les intempéries des saisons. Il est donc à désirer que ces wagons soient désormais couverts. Si l'industrie tient à s'absoudre du reproche de matérialisme, elle n'y parviendra qu'en venant en aide aux misères,

Alphonse Esquiros

aux souffrances et aux besoins les plus intéressants de l'espèce humaine.

La nourrice est désormais pour l'enfant trouvé une mère que la société lui donne. Tandis que dans les asiles ordinaires la charité s'exerce tout à l'intérieur de l'établissement, ici, dans une maison d'enfants trouvés, l'action de la bienfaisance publique s'étend au contraire *extra muros*. Ce n'est pas même un hospice proprement dit, c'est une institution tutélaire. A peine, comme nous l'avons vu, après quelques jours seulement d'hospitalité, l'enfant a-t-il été remis à la femme qui doit le nourrir, tous deux s'éloignent, et le plus souvent ce départ est sans retour. Le seul rôle que l'administration conserve, rôle qui durera cette fois plusieurs années, est celui de tuteur. Les inconvénients de ce patronage résultent de l'impuissance même des forces humaines à protéger de loin (de bien loin, hélas !) un si grand nombre de pupilles. Nous avons dit les moyens de surveillance dont l'administration se sert pour exercer sa tutelle : elle se fait représenter auprès des nourrices par des hommes qu'elle a revêtus d'un caractère légal. Comment ces *préposés* remplissent-ils les devoirs de leur charge ? C'est ce qu'il est fort difficile de décider. En ce qui regarde les soins sanitaires, l'administration traite à forfait avec un médecin pour tous les enfants trouvés de l'arrondissement. Ce médecin est chargé de les visiter et de fournir lui-même les médicaments en cas de maladie. La mortalité des enfants trouvés, quoique moins forte dans les campagnes que dans l'intérieur de l'hospice, est encore très considérable, et hors de toute proportion avec celle des enfants ordinaires.

Cette circonstance s'explique pour les uns et les autres, du moins en partie, par la nature et les antécédents de leur naissance. Les enfants trouvés conservent les traces d'une génération viciée dans sa source : ils sont en général faibles, rachitiques, scrofuleux et de petite taille. A peine si, à l'époque du tirage, la moitié d'entre eux (200 sur 400) sont trouvés en état de faire partie du service militaire. Une telle infériorité mérite de fixer notre attention. Au nombre total des naissances (961,226) qui ont lieu chaque année en France correspondent 32,000 expositions d'enfants. C'est une exposition sur trente naissances. On voit donc que les enfants trouvés glissent dans la population un élément très sérieux et très considérable de débilité. Ce danger est grave. Quand les races

L'HOSPICE DE PARIS

dégénèrent, les nations déclinent ; or, une race, si forte qu'elle soit, ne résiste pas longtemps à l'intrusion annuelle d'un pareil nombre de nouveau-nés malades ou chétifs. Les anciens avaient prévu ce danger, et ils lui avaient cherché un remède dans la mort des enfants trouvés : aujourd'hui le problème est à résoudre dans un sens plus humain ; mais, de quelque côté qu'on se tourne, il ne faut point perdre de vue l'amélioration de l'espèce, sans laquelle tous les autres progrès avortent.

Outre les enfants trouvés proprement dits, la Maternité reçoit encore des enfants en dépôt, des enfants abandonnés et des orphelins. On nomme enfant en dépôt celui dont la mère est malade dans un des hôpitaux de la ville, et qui se trouve ainsi privé, durant quelque temps, des secours nécessaires à sa conservation. L'admission de ces enfants étant considérée comme provisoire, on les confie à une nourrice sédentaire, quand il y en a ; sinon, ils subissent le système d'alimentation artificielle avec tous les inconvénients qui en résultent. Il arrive trop souvent que la mère disparaisse dans l'intervalle, et que le dépôt de l'enfant devienne, au bout de quelques mois, un abandon définitif. Dans le langage économique et administratif, on distingue entre l'enfant trouvé et l'enfant abandonné : ce dernier est né de parents connus ; il a d'abord été élevé par eux ou du moins à leur charge ; il est ensuite délaissé à un certain âge, sans qu'on sache ce que son père ni sa mère sont devenus. Il ne se passe guère de jour que la police ne rencontre, dans les rues de Paris, de ces garçons ou de ces petites filles perdues, dont les parents ont pris la fuite sans qu'il soit possible de retrouver leurs traces. Conduits à la Maternité, ces enfants abandonnés sont fondus, par l'administration de l'hospice, dans la masse des enfants trouvés, dont néanmoins ils se distinguent en général par leur mauvais naturel. Plusieurs d'entre eux, placés en pension dans une famille agricole, à une grande distance de Paris, se sont sauvés secrètement de la maison adoptive, pour revenir à pied dans la ville. Élevés par des parents dissolus, habitués presque depuis leur naissance à battre le pavé fangeux des quartiers les plus suspects, ces petits bohémiens ont du sang vicieux et vagabond dans les veines. Le mauvais caractère de ces enfants, qui est l'effet de la négligence, devient quelquefois une cause qui décide leur abandon. Des familles, ne sachant plus comment vaincre les

Alphonse Esquiros

inclinations vicieuses de leur rejeton opiniâtre et récalcitrant, se déterminent à s'en défaire. Quand, à la suite de plusieurs épreuves infructueuses, l'hospice ne peut venir à bout de ces sujets rebelles, il les place dans une maison de correction, où leur caractère indomptable résiste dans plus d'un cas à tous les traitements. On reçoit encore à la Maternité les enfants dont les père et mère ont été frappés de condamnations sévères par les tribunaux, et qui subissent leur peine dans les prisons de l'état. Tout cela ne constitue pas, comme on le pense bien, une population de choix. Outre que l'hospice fournit à cette dernière classe d'enfants les secours de la vie matérielle, il préserve leur moral d'un contact qui ne pourrait leur être que dangereux.

Enfin la maison donne aussi entrée à des orphelins pauvres. L'Asile des Orphelins a été longtemps séparé de l'hospice des Enfants-Trouvés. Nos pères, mus en cela par un double sentiment d'économie et de délicatesse, n'avaient pas voulu accorder indistinctement les secours de la charité publique aux enfants du péché et à ceux que la mort avait privés de leurs soutiens naturels. Au commencement de ce siècle, les orphelins habitaient encore une maison à eux, située rue du Faubourg-Saint-Antoine. L'administration n'a vu, de nos jours, aucun inconvénient à réunir sous le même toit ces deux misères. Les orphelins sont maintenant assimilés, dans la maison de la rue d'Enfer, aux enfants trouvés. L'état exerce, vis-à-vis des uns comme des autres, les droits et les devoirs d'une paternité transmise.

La population de l'hospice peut, on le voit, se diviser en deux classes, l'une qui demeure à la campagne, et l'autre qui réside dans l'intérieur ; cette dernière n'est jamais d'ailleurs bien stable. En voyant des enfants de tout âge passer dans les cours de la maison, un observateur superficiel pourrait croire qu'ils ont grandi sous ces bâtiments rigides et séculaires, dont les toits couverts de mousse s'élèvent parmi des clochetons et des têtes d'arbres. Il ne faut pas s'y tromper : ces enfants ne sont point les fils ni les filles de l'hospice ; cette population adolescente n'a pas été élevée dans ces murs ; elle se compose d'enfants abandonnés qui attendent leur départ pour la campagne. S'il se rencontre encore des personnes qui se figurent un hospice d'enfants trouvés comme une grande maison d'allaitement ou de sevrage, dans laquelle on nourrit et l'on soigne en commun des nouveau-nés jusqu'à l'âge adulte, ces personnes ont tort, et nous les engageons à se séparer d'une erreur dangereuse. La science n'a pas trouvé jusqu'ici d'appareil pour élever les enfants à une chaleur artificielle : non, il leur faut, à ces nouveau-nés, le sein de la femme pour les réchauffer ; il leur faut de plus une maison, un foyer domestique pour les conserver à la vie. L'enfant est un germe délicat, qui ne vient point à bien hors de l'enveloppe tutélaire de la famille ; si la famille naturelle manque, il est nécessaire de lui en créer une artificielle. Voilà précisément ce que se propose l'hospice quand il met ses pupilles en nourrice ; il veut donner à ces enfants isolés dans le monde non-seulement une seconde mère, mais encore des frères et des sœurs de lait, un père adoptif, un toit (fût-il de chaume) sous lequel leur tête repose en pays de connaissance. C'est en effet ce qui arrive dans les campagnes : l'enfant de l'hospice, assis à la même table que le fils de la maison, s'identifie avec la condition de ses hôtes. Dès que sa bouche peut essayer quelques mots, il s'habitue à dire *notre* arbre, *notre* chèvre, *nos* poules. Les éléments de la vie, même physique, n'existent, pour un être sensible, que dans ces conditions de la famille et de la propriété. L'expérience contraire a été faite sur les enfants trouvés, et elle a toujours échoué. Aux yeux du moraliste, ce résultat est grave. L'idée d'entreprendre d'élever en masse des nouveau-nés dans un établissement régulier comme dans une fabrique a été appliquée, et elle a toujours rencontré dans la nature une résistance insurmontable. Cet essai malheureux, que nul n'osera recommencer à l'avenir, pourrait servir à faire juger ici certaines théories communistes et ennemies de la famille, si ces théories étaient sérieuses.

L'état doit aux enfants trouvés les soins conservateurs de la vie matérielle, mais il leur doit en outre l'éducation morale. Or, hâtons-nous de le dire, un hospice ne peut donner cette éducation. On attribue en général aux enfants trouvés un mauvais caractère ; ce reproche, qui n'est point sans fondement, s'adresse surtout aux enfants qu'on élevait autrefois dans les maisons banales de bienfaisance. Une chose avait manqué à leur développement, c'est l'amour maternel. La charité ne supplée point à tout. L'enfant de l'hospice apprenait ses devoirs ; il ne les suçait pas avec le lait, il ne les lisait pas en quelque sorte écrits dans les yeux d'une tendre

Alphonse Esquiros

mère, ou même dans ceux d'une nourrice qui, se considérant bientôt comme telle, l'associe à sa vie privée, à sa maison, à ses destinées, si pauvres qu'elles soient. L'habitude renoue ainsi entre cette femme et son nourrisson des liens que la nature avait prévus, et que le vice et le malheur ont rompus à sa naissance. Pour l'enfant de l'hospice, rien de semblable ; on lui reproche d'être égoïste, indifférent, concentré en lui-même : le moyen de s'en étonner ? L'homme ne naît pas naturellement sensible, et le cœur a besoin d'être formé. Les affections se développent chez le nouveau-né par l'exercice, par un échange de regards et de caresses sur le sein de la femme qui l'a nourri. Ce développement se trouvait arrêté chez les enfants élevés dans nos hospices. Comme ils croyaient n'avoir rien reçu, ils n'avaient rien à rendre. Qui donc auraient-ils aimé ? — L'état ? — C'est un être bien vague et bien abstrait, pour toucher beaucoup de jeunes imaginations. — Les personnes qui les entouraient ? — Mais ces personnes, chargées de distribuer les mêmes soins à tous les élèves de la maison, ne s'attachaient pas plus l'un que l'autre. Cabanis et d'autres observateurs ont vu dans ces enfants-là des êtres à part, chez lesquels le sens moral et même le sens commun n'existaient pas. Les filles valaient encore moins que les garçons : élevées dans la retraite jusqu'à vingt-deux ans, elles se trouvaient en outre gauches, embarrassées, timides, à leur entrée dans le monde. Voilà des faits convaincants, qui démentent plus d'un système. L'éducation, et par ce mot nous entendons surtout la culture de l'être moral, ne peut donc s'exercer avec succès que hors des murs de la maison commune, dans le sein d'une adoption étroite qui remplace le plus possible la maternité. — Cette règle administrative est dictée par une loi même de la nature. La plante ne se développe point sans tenir à la terre, et le cœur humain sans toucher à la famille.

Si d'un côté la tradition populaire attribue aux enfants naturels un caractère et des vices qui leur sont propres, elle leur accorde en revanche plus d'esprit qu'aux autres hommes. La vérité est qu'ils ne sont moralement ni plus mal ni mieux nés que les enfants légitimes. La plupart des défauts que les anciens observateurs leur reprochent doivent être mis, comme nous l'avons vu, à la charge de l'hospice dans lequel on commettait alors l'erreur de les élever. Quant à leur esprit, il ne se manifeste, comme celui des enfants ordinaires, que dans un milieu favorable. L'histoire cite plusieurs d'entre eux qui sont devenus célèbres. Moïse, le législateur des Hébreux, était un enfant trouvé ; d'Alembert, dans le dernier siècle, avait été exposé, comme tant d'autres bâtards connus, sur les marches d'une église. Cependant il convient de faire observer que tous avaient été recueillis après leur disgrâce par les mains d'une femme, et qu'ils avaient ainsi reçu dès le plus bas âge l'éducation de famille. Le premier maître d'école de l'enfant, c'est sa mère, et, en l'absence d'une mère, sa nourrice. Les nouveau-nés de l'hospice envoyés à la campagne sont jusqu'à sept ans regardés comme des nourrissons, et depuis sept jusqu'à douze comme des pensionnaires de celle qui les reçoit. S'il est vrai que l'enfant suce avec le lait le caractère et les inclinations morales de la femme qui lui présente le sein, combien le choix des nourrices ne serait-il pas important vis-à-vis de ces innocentes victimes, pour lesquelles l'hospice doit réparer le malheur d'une naissance suspecte ! Quels moyens a l'administration pour se déterminer dans un tel choix avec succès ? Des moyens bornés et insuffisants. Elle est obligée de s'en rapporter à des renseignements vagues, à des certificats de moralité qui ne certifient souvent rien que la complaisance des officiers publics. Les besoins du service contraignent même quelquefois l'administration à fermer les yeux sur ces enquêtes délicates. Si l'éducation des enfants trouvés est ainsi livrée au hasard, leur instruction est encore bien plus soumise aux éventualités. Le plus grand nombre d'entre eux, étant placés dans des familles pauvres et ignorantes, ne reçoivent aucune notion précise de leurs devoirs. Ce mal est grave ; l'administration fait ce qu'elle peut sans doute pour y remédier, mais elle ne dispose que de moyens d'action très bornés. Comment exercer, à quatre-vingts lieues de distance, une surveillance active sur les études des pupilles de l'hospice ? On donne bien des conseils, des avertissements : sont-ils suivis ? Il y a même tels cas où il est impossible de mettre ces conseils en pratique. Dans la plupart des provinces éloignées du centre, l'école primaire, qui réunit les deux sexes, n'est déjà pas assez grande pour les naturels de la commune. L'enfant de l'hospice, envoyé dans une des familles agricoles du pays, est toujours un peu considéré comme un étranger. Le plus souvent on s'autorise de l'étroitesse du local et de la condition équivoque de cet élève pour refuser de

Alphonse Esquiros

l'admettre au bienfait public de l'enseignement. Ajoutez aux causes d'un tel refus des motifs d'intérêt privé. L'enseignement primaire, en France, doit être gratuit, ainsi le veut la loi ; mais la loi n'est pas l'homme. La plupart des instituteurs de la campagne sont des hommes, et, qui plus est, de pauvres diables, plus sujets que d'autres aux misères de notre nature. L'administration va lever cet obstacle, en payant pour chaque élève un franc par mois au maître d'école de la commune. Cette mesure est louable, et on peut en attendre quelques bons effets ; mais il restera toujours à vaincre la résistance de certains parents adoptifs, qui ne veulent point envoyer l'enfant trouvé, surtout durant la mauvaise saison, à une distance souvent fort grande de leur chaumière, pour lui faire acquérir une science dont ils méconnaissent le prix.

Il se tient à Paris une école dans l'intérieur de l'hospice, mais cette école n'exerce aucune influence sur l'éducation de la masse. Uniquement destinée à ceux qui passent dans l'établissement, elle voit se renouveler sans cesse la matière sur laquelle son action doit s'exercer. Le mouvement des élèves de la Maternité est de 130 à 150 enfants, tant trouvés qu'abandonnés ou orphelins. Cette population flottante ne fait, en général, que paraître et disparaître dans la maison. On conçoit que les frères de la doctrine chrétienne et les sœurs qui sont chargées de l'enseignement doivent avoir peu de goût à remplir leurs devoirs dans de pareilles conditions. L'école existe, mais les écoliers manquent, ou du moins ils sont trop peu stables pour que les leçons données leur profitent. Afin de ne pas décourager tout-à-fait les efforts des frères et des religieuses qui exercent ces fonctions ingrates, on a institué dans la maison un noyau de 14 filles et de 14 garçons. Ces élèves, choisis parmi les enfants des deux sexes qui manifestent les meilleures dispositions intellectuelles, demeurent là environ deux années, durant lesquelles ils suivent les classes avec assiduité. Leur éducation se borne d'ailleurs aux éléments du calcul, du dessin et de l'écriture. On s'occupe surtout de développer chez ces enfants le sentiment religieux. Ce soin est digne d'éloges : donnons un père et une mère dans le ciel à ceux qui n'en ont pas sur la terre. Je n'ai pu entendre sans attendrissement ces enfants délaissés à leur naissance réciter en chœur, au lever du matin, les premiers mots d'une prière bien commune, mais toute particulière dans leur bouche : *Pater noster, qui es in coelis* ! En visitant la chapelle, où mes yeux cherchaient partout les richesses de l'ancienne église de l'Oratoire et ne rencontraient que des bancs de bois, des murs peints en marbre, de mauvaises toiles, j'avisai aussi dans un coin une statue en plâtre de la vierge Marie, autour de laquelle quelques jeunes filles se tenaient à genoux. Il y avait, dans une scène si simple et si touchante, quelque chose qui allait au cœur. Les pauvres filles semblaient avoir retrouvé dans cette maternité divine une consolation à leur malheur : elles n'étaient plus orphelines.

En résumé, les secours matériels ont été assez largement distribués aux enfants trouvés ; il n'en est pas de même des secours moraux. On a veillé à la salubrité du local dans l'intérieur de l'hospice. On leur a assuré ensuite le lait nourricier, ce pain quotidien du premier âge ; mais on a négligé de leur servir le pain de l'éducation, le pain de l'esprit. Que résulte-t-il de cette absence d'enseignement ? C'est que bien peu d'entre eux arrivent à triompher de l'infortune de leur naissance. La nourrice a reçu de l'administration 9 francs pour les premiers mois ; la somme a été ensuite en décroissant jusqu'à l'âge de sept années ; on transforme alors cette rétribution en une pension annuelle de 48 francs. A douze ans, la pension cesse ; à douze ans, l'enfant trouvé cesse d'être à la charge de l'hospice. Il va entrer en apprentissage. Plusieurs d'entre eux restent alors sous le toit où ils ont grandi ; d'autres sont placés, les garçons chez des laboureurs et des artisans, les filles chez des ménagères et dans des ateliers de couture. Cette destination n'est pas blâmable dans l'ensemble ; sortis du peuple, les enfants trouvés retournent au peuple, à cette masse utile de travailleurs qui fécondent le sol ou alimentent l'industrie. La terre, cette mère du genre humain, suivant les anciens poètes, reçoit les soins et les âpres caresses de ces enfants qui n'ont qu'elle au monde pour les nourrir. Il nous semble néanmoins indigne de la France, pays de lumières et de liberté, de niveler, sans distinction aucune, le développement moral de tous ces pauvres enfants au degré le plus bas de l'échelle. Chez d'autres peuples moins civilisés que le nôtre, à Moscou par exemple, on mesure le degré d'instruction des enfants trouvés à leur intelligence et à leur capacité naturelle. Il en résulte que plusieurs d'entre eux s'élèvent dans la société au-dessus de la ligne ordinaire. En France, c'est tout le contraire : la destination de ces

Alphonse Esquiros

malheureux bâtards a toujours eu quelque chose d'uniforme :
ouvriers ou soldats, ils n'ont guère dépassé les conditions civiles
les plus obscures ou les grades les plus infimes de la milice. Une
telle limite n'est à coup sûr pas tracée par la nature. Non, ce niveau
fatal est l'ouvrage de la société, qui communique chez nous aux
enfants trouvés une éducation également médiocre et bornée.
On cite bien parmi eux, outre quelques célébrités anciennes, des
chirurgiens qui se sont dernièrement rendus utiles, des vicaires
de campagne, des professeurs ; mais ces exceptions assez rares ne
font que démontrer l'injustice de la règle. Il y a certes là une masse
de besoins en souffrance, et, qui plus est, de besoins moraux, qui,
selon nous, réclament une satisfaction.

Nous avons vu que le caractère des enfants trouvés se formait mal
dans l'intérieur d'un hospice. Des témoignages d'une authenticité
accablante déclarent ces élèves cloîtrés de la charité publique
inférieurs, pour le physique et pour le moral, à la moyenne de la
population ordinaire. En est-il de même des enfants élevés à la
campagne ? Non, sans doute. Ces derniers se montrent capables
d'affection et de reconnaissance. A Dieu ne plaise que nous
voulions faire peser un préjugé injuste sur des malheureux déjà
si chargés par le hasard de leur naissance ! toutefois, il faut bien
le dire, nous avons rencontré à Paris et ailleurs un assez grand
nombre de ces enfants, et nous les avons trouvés partout d'une
race reconnaissable. Les filles surtout nous ont frappé ; bien peu
d'entre elles ont une figure intéressante. Presque toutes sont laides,
communes, maussades. Ces malheureuses sont marquées d'un
signe particulier ; on devine, en les voyant, qu'elles n'ont point eu
de mère. La statistique prétend qu'il se rencontre une proportion
très forte d'enfants trouvés dans les maisons de détention et sur les
registres du bureau des mœurs. On a voulu attaquer ces chiffres ;
nous serions fort étonné si de tels calculs, en rapport avec le bon
sens, étaient faux. Ces garçons et ces filles n'ont point l'honneur
d'une famille à conserver, point de nom héréditaire à défendre
de toute souillure. Où de tels êtres prendraient-ils le sentiment
de leurs devoirs ? La vertu qui, chez l'enfant élevé dans la maison
paternelle, s'insinue en quelque sorte avec le souffle des personnes
qui l'entourent, est souvent pour l'enfant privé de ces influences
délicates un effort et une lutte au-dessus de la nature. Nous lui avons

bien donné une famille ; mais cette famille artificielle, étrangère, ne lui tient point assez au cœur pour le préserver toujours des séductions du vice. A douze ans, il est mis en apprentissage ; le voilà presque son maître dans un âge où tant d'autres reçoivent encore les soins d'une surveillance attentive. L'hospice exerce bien sur lui jusqu'à la majorité le rôle de tuteur ; mais cet être de raison ne le protège que dans des circonstances tout-à-fait graves. Pour tout le reste, il est abandonné à lui-même, à son inexpérience, à sa faiblesse. Quelques moralistes ont proposé de fonder, pour les enfants trouvés qui ont atteint l'âge de douze ans, une société de patronage. Cette œuvre charitable, dont il existe déjà une légère esquisse, consisterait à choisir et à nommer pour chacun d'eux un parrain dans le monde. Nous aimerions mieux qu'on leur donnât une marraine. Les femmes ont la main plus délicate que les hommes pour toucher à ces plaies sensibles du cœur. Ce n'est pas sans raison que Vincent de Paule s'est adressé à elles : « Or sus, mesdames... » Si nous formons après lui un vœu, c'est de voir l'influence des femmes du monde, bannie presque aussitôt de l'œuvre qu'elles avaient fondée, renaître et s'étendre aujourd'hui dans certaines limites à l'amélioration du sort des en fans trouvés.

Nous avons suivi le nouveau-né depuis son entrée à l'hospice jusqu'à l'âge de sa majorité. Tel n'est point, il faut le dire, le sort de tous ceux qui entrent dans le tour. Les parents ne renoncent pas tous à l'enfant qu'ils ont glissé dans le sein de la charité publique ; on voit quelquefois de pauvres filles-mères passer à la brune, le cœur serré, passer encore devant cette grande maison fatale où elles ont laissé le triste fruit de leur déshonneur. Comme la sœur de Moïse, elles se tiennent de loin en observation, et cherchent, mais en vain, à savoir ce que deviendra l'enfant qu'elles ont risqué sur les grandes eaux de l'adversité. A Paris, toute recherche de ce genre est impossible : l'hospice garde sous le secret tout ce qu'il reçoit, et ne le rend qu'après certaines formalités légales. La proportion des enfants réclamés est, à Paris, de un sur cent. La restitution est précédée d'une enquête sur la moralité des parents. Outre cette information, on exige que le père et la mère rendent à l'hospice les frais d'éducation du nouveau-né. Si les réclamants sont très pauvres, on leur fait grâce de cette dette. Ce n'est point une scène dépourvue d'intérêt que celle d'un enfant remis, après

Alphonse Esquiros

un délaissement forcé, entre les mains des auteurs de sa naissance. Quelle tendre curiosité s'attache, dans le cœur de la femme surtout, à ce petit être que la misère lui a arraché et que lui restitue la bienfaisance publique ! Comme il a grandi ! comme il ressemble à sa mère ! Ne dirait-on pas qu'il revient de l'exil ou du tombeau ? Nous avons connu un jeune et pauvre ménage qu'une catastrophe subite avait réduit tout d'un coup à la plus affreuse extrémité. Il y avait dans la maison trois enfants en bas âge ; il fallut s'en défaire. La mère, avec ce courage que donne le sentiment du devoir uni à celui de la nature, travailla désespérément pour retirer ses enfants de l'hospice. Elle en racheta d'abord un du produit de son ouvrage, puis deux, puis tous les trois. Comme la lionne dont le chasseur a dérobé les petits, cette malheureuse mère revint à la charge et reprit ainsi un à un les objets de son affection, pour les ramener au gîte. Le hasard nous mit à même de rencontrer dans les bureaux deux autres réclamants qui fixèrent notre attention. Une mère qui avait délaissé son enfant fit, au bout de quelques mois, des démarches pour en obtenir la remise. Dans l'intervalle qui suivit sa demande, cette femme mourut. Le parrain et la marraine de l'enfant recueillirent la bonne intention de la défunte ils venaient l'un et l'autre pour adopter le jeune orphelin.

De tels exemples sont malheureusement assez rares. En général, la femme qui a déposé son nouveau-né dans le tour de l'hospice ne songe plus guère à ses devoirs de mère ; cet enfant n'existe plus pour elle. Nous ne disons rien de celles qui se présentent au bout de quelques années pour retirer le fruit de leur grossesse, et qui reçoivent alors la nouvelle de sa mort : c'est cependant le cas le plus ordinaire. Une statistique prétend qu'on réclame plus de filles que de garçons. Ce fait s'explique : une fille est, durant les premières années de la vie, un fardeau incommode dont on juge à propos de se débarrasser ; plus tard, on se forme d'elle une idée intéressante, on désire la ravoir auprès de soi, et on lui rouvre alors des bras incertains qui s'étaient fermés à sa naissance. Nous avons cherché les motifs qui déterminent le plus souvent ces sortes de démarches : le témoignage des chefs de la maison nous a appris que le cri de la conscience, et plus souvent encore la nature d'une position que le temps a améliorée, sollicitent en général le cœur des parents qui viennent pour retirer leur progéniture. Nous avons vu que les réclamations étaient rares. On se demande si le mystère sous lequel l'administration tient ces asiles cachés avec d'extrêmes terreurs n'est pas un obstacle au retrait d'un plus grand nombre d'enfants trouvés. Ces précautions ont un bon et un mauvais résultat. Il y aurait sans doute un inconvénient à ce qu'un hospice de maternité devînt un pensionnat gratuit, où la première venue pourrait non-seulement se décharger du fruit de ses entrailles, mais encore conserver sur son enfant une surveillance et l'exercice des droits de la nature. C'est pour prévenir cet abus que l'administration a cru bien faire d'élever une barrière infranchissable entre les parents qui ont une fois renoncé à leurs devoirs et le nouveau-né que reçoit la charité publique. A peine le tour a-t-il exécuté son mouvement cylindrique, le sacrifice fatal est consommé pour la mère : son enfant ne lui appartient plus. Elle n'en aura désormais aucune nouvelle, jusqu'au moment où elle se résoudra à le réclamer. Ce sacrifice est juste sans doute, puisque l'état l'impose à des créatures qui ont elles-mêmes immolé en quelque sorte leur nouveau-né ; mais est-il toujours moral, est-il même économique de fermer ainsi tout retour à des sentiments plus humains ? Cette séparation absolue endurcit la femme dans son indifférence, dans son oubli, dans sa dégradante insensibilité. La conscience, n'ayant jamais le corps du délit sous les yeux, n'entendant plus même parler de son existence, efface bien vite le remords qu'une action si lâche peut y avoir laissé. Et puis, disons-le, les sentiments les plus doux de la nature demandent un apprentissage. Comment aimer ce qu'on ignore ? Telle qui s'est habituée sans beaucoup de peine à son isolement, séparée qu'elle est forcément de son nouveau-né par les murs de l'hospice, sentirait peut-être un jour frémir des entrailles de mère, si elle recevait seulement une fois ses embrassements, si même elle voyait de ses cheveux dans une lettre. En rétablissant dans les limites fixées par la prudence une certaine liberté de communication entre la mère et l'enfant placé en nourrice, ne réveillerait-on pas dans le cœur de plus d'une malheureuse des affections qui s'ignorent elles-mêmes et comme une vertu endormie ? Si cette liberté des rapports existait, l'hospice recevrait peut-être plus d'enfants trouvés, mais il enverrait sortir davantage. Nous croyons qu'en somme la société est intéressée à favoriser par tous les moyens raisonnables une reconnaissance que l'hospice

Alphonse Esquiros

cherche au contraire à empêcher dans l'état actuel des choses par un sentiment de crainte. N'ayons jamais peur de ramener le cœur humain à la morale et à la nature.

L'administration a dû prendre des précautions pour que les enfants ne se perdissent point en nourrice. Dans le dernier siècle, quand Mme d'Épinay voulut retirer de l'hospice les deux premiers nés de Jean-Jacques Rousseau, ces enfants ne se trouvèrent point. L'auteur de l'*Émile* avait pourtant eu le soin de mettre un chiffre sur leurs langes. Une telle lacune dans le service ne se représenterait point aujourd'hui. On a varié dans ces derniers temps les moyens de reconnaissance. Il y a quelques années, chaque enfant mis en nourrice portait autour du cou un cordon auquel était fixée une petite plaque de plomb numérotée. L'administration de l'hospice crut ce signe d'identité sujet à des inconvénients, et elle jugea à propos de le remplacer par des boucles d'oreilles. La science réclama : ses conseils ne furent point écoutés. Aujourd'hui des accidents fâcheux ont démontré le danger de ces boucles, et l'administration redemande elle-même en ce moment l'usage du collier. Si cette question des moyens de reconnaissance est grave aux yeux de l'homme de bureau et du médecin, elle ne l'est pas moins aux yeux du moraliste. Un signe est nécessaire sans doute pour éviter dans le service une confusion déplorable ; mais nous touchons encore ici à une de ces mesures délicates qui demandent bien des ménagements. Il ne s'agit pas seulement de conserver à l'enfant des gages d'espoir, il faut de plus ne point afficher son malheur. Si à la note de sa naissance illégitime et de son exposition vous ajoutez une marque visible, vous en faites aux yeux des autres enfants de la commune un être à part et disgracié. Il serait à désirer que le collier fût au moins caché sous les vêtements. Cet objet mystérieux a sans doute une grande valeur, puisque c'est peut-être pour l'enfant un père ou une mère dans l'avenir ; mais un tel secret le regarde seul, et il doit être seul à le connaître. Il importe de ne point attacher à son infortune, déjà trop réelle et trop connue, une sorte de collier de force, qui montre en lui un patient condamné avant de naître aux travaux forcés de la bâtardise.

Résumons en quelques traits les réflexions qu'inspire au moraliste l'état actuel des enfants trouvés dans la ville de Paris. Un des faits douloureux qui ont le plus frappé notre observation, c'est la grande

34

mortalité de ces enfants. Il y a peu d'espoir, nous le disons à regret, que cette mortalité diminue. Elle a en effet son principe dans des causes qu'il n'est point donné à la médecine de détruire. Les conquêtes de la science rencontrent d'ailleurs une limite qu'elles ne peuvent plus guère franchir après un certain temps. Cette limite paraît être atteinte dans le service médical des enfants trouvés. Le mouvement de conservation, qui a sauvé depuis quelques années un plus grand nombre de ces malheureux, semble devoir aujourd'hui s'arrêter. En est-il de même de l'administration ? L'état actuel de l'hospice des Enfants-Trouvés de Paris a aussi très peu de chances de s'améliorer. Ce qui manque surtout, c'est une direction qui relie entre elles les diverses branches du service et qui imprime aux mesures adoptées une marche stable ; or, une telle unité est impossible à obtenir avec les conseils et les influences diverses qui gouvernent cet établissement. On peut donc dire, sans attaquer en rien les hommes et en tenant surtout compte de la nécessité des choses, que l'institution des enfants trouvés dans la première ville du royaume fera gémir longtemps l'humanité, qu'elle est destinée à secourir.

L'étude de l'hospice des Enfants-Trouvés de Paris abrégera beaucoup celle des mêmes établissements qui existent dans le reste de la France. Ces maisons sont en effet établies maintenant sur un système à peu près uniforme. Depuis longtemps la correspondance des préfets dénonçait à l'administration supérieure l'oubli des devoirs et des prescriptions légales dans le service des départements. Une inspection fut créée en 1833, ou du moins établie sur des bases plus larges. Son devoir était d'éclairer le gouvernement touchant la véritable situation des choses. Cette surveillance étrangère ne tarda point à dévoiler sur plusieurs points du royaume des vices très graves, que le temps et l'habitude avaient profondément enracinés dans le service des enfants trouvés. Ce service était tout simplement une forêt d'abus. Comme certains oiseaux de nuit qui évitent la lumière des grandes villes, les désordres qui n'avaient pu s'établir dans la maison des Enfants-Trouvés de Paris, au grand jour de la vigilance officielle et de la publicité, s'étaient réfugiés dans les vieux murs des hospices de la province. Ici, le mal était à la campagne : des nourrices substituaient leurs propres enfants à ceux qui leur avaient été confiés par l'administration,

Alphonse Esquiros

et qui étaient morts. Elles s'assuraient, au moyen de cette fraude, la continuation d'un paiement qui n'avait plus d'objet. Ailleurs, le désordre siégeait dans l'intérieur même de l'hospice ; c'était les économes et les autres employés qui envahissaient tous les bâtiments avec les jardins, et qui en chassaient ainsi les locataires légitimes. Les servants manquaient à leurs devoirs. Enfin les sœurs elles-mêmes, qui le croirait ? n'étaient point demeurées étrangères à des soustractions d'argent et à des trafics condamnables. Sous ce voile dont la religion protège la tête des filles de saint Vincent de Paule, pour mettre à couvert leur pudeur et tenir secrète leur charité, se cachaient çà et là l'hypocrisie, l'avarice, la ruse. Dans un assez grand nombre de localités, les registres où l'on doit inscrire l'entrée et la sortie des enfants étaient mal tenus ; dans quelques-unes même, ces registres n'existaient pas. L'inspection a diminué une grande partie de ces abus ; les a-t-elle fait disparaître ? Nul n'oserait le croire. On a changé plusieurs fois les règlements et opéré depuis ces dernières années des réformes que nous passons sous silence. Malgré toutes ces mesures excellentes, les hospices d'enfants trouvés, dans les villes de province, sont, par le fait seul de leur existence et du mystère qui les entoure, des fourmilières de mauvaises œuvres que la surveillance la plus habile ne saurait réprimer ni détruire radicalement. Les aveux de l'administration supérieure ne nous laissent aucun doute à cet égard. On aura beau faire, le mal bravera tous les efforts humains, et l'amélioration de l'œuvre, en suivant la voie actuelle, est condamnée à rester toujours incomplète.

Il nous reste à dire un mot de la législation qui régit maintenant en France et dans le reste de l'Europe les enfants trouvés. Cette législation a changé plusieurs fois dans le monde avec les doctrines morales qui ont renouvelé les institutions et les hommes. La famille était, aux yeux des anciens, une propriété dont le chef disposait selon son plaisir. La naissance de tout enfant légitime était donc suivie d'un moment d'incertitude. — Vivra-t-il ou ne vivra-t-il pas ? — Le père décidait la question en oui ou en non, et la mère présentait alors ou refusait le sein à son nouveau-né, suivant l'arrêt qui venait d'être rendu. L'usage était de déposer le nouveau-né à terre : si le père était d'avis qu'on conservât cet enfant, il donnait ordre de le lever et de le prendre dans les bras, *tolle* ! sinon, il le laissait, et tout était dit sur le sort du malheureux. Les enfants exposés étaient mis hors la loi ; ils appartenaient à celui qui voulait bien les recueillir. A quel usage l'industrie privée faisait-elle servir le petit nombre de ceux qui étaient sauvés de la mort ? On les élevait, en général, pour les consacrer à la débauche, *quel que fût leur sexe*. Il existait à Rome une abominable spéculation qui consistait à mutiler systématiquement ces pauvres victimes, afin que l'aspect déchirant de leurs maux fît naître la compassion et attirât d'abondantes aumônes. Sénèque nous introduit dans ces laboratoires de toutes les infirmités humaines : on y fabriquait des boiteux, des aveugles, des manchots, des culs-de-jatte, que sais-je encore ? Désiriez-vous un bossu, un pied-bot, on avait toujours là de quoi vous le faire. Pour le coup, c'est trop fort : vous vous attendez sans doute qu'au récit de ces incroyables forfaits, l'indignation romaine va éclater. « Les enfants exposés, ajoute froidement Sénèque, ne comptent pas, puisqu'ils sont esclaves. Telle est la loi. » Le monde en était là, quand un petit enfant naquit à Bethléem dans une étable. Le christianisme changea les idées anciennes sur l'exercice du droit ; il protégea la vie de l'homme jusque dans le sein de sa mère, il fit de la faiblesse une vertu qui attire les yeux et touche le cœur de Dieu même. Comment l'enfant ne fût-il pas devenu sacré sous l'empire de ces nouvelles croyances ? Le malheur de ceux qui avaient été délaissés à leur naissance devint un titre de plus en leur faveur aux yeux de la société chrétienne ; la crèche sauva dans le monde les nouveau-nés qui n'avaient point de berceau. Il faut d'ailleurs bien se garder de croire qu'un tel résultat fut instantané. Non ; les abus consacrés par la loi humaine ne se redressent pas avec cette rapidité heureuse. Les premiers temps de l'ère chrétienne nous présentent une lutte opiniâtre entre les anciennes mœurs et celles que la nouvelle croyance voulait établir. Nous avons besoin de traverser plusieurs siècles et d'arriver jusqu'à Constantin pour trouver dans l'ordre civil quelques dispositions bienveillantes en faveur des victimes du délaissement et de la cupidité. Constantin n'osa pas toutefois abolir la servitude qui pesait encore sur les enfants trouvés ; ce fut l'œuvre de Justinien. A lui était réservée la gloire d'effacer la tache originelle que l'abandon imprimait sur le front de ces malheureux. Durant le moyen-âge, la législation qui concernait les enfants exposés n'avait rien de très arrêté ; tour à

Alphonse Esquiros

tour serfs ou vassaux des seigneurs hauts justiciers sur le territoire desquels ils avaient été trouvés, leur condition était alors passée sous silence. En 1670, Louis XIV, en fondant un hospice, assimila, dans la ville de Paris, le sort des enfants trouvés à celui des autres citoyens de l'état.

La religion chrétienne avait fait de la charité une vertu : la philosophie du XVIIIe siècle en fit une science. Elle démontra le prix d'un homme aux yeux de la société, dont il accroît le bien-être et la richesse par son travail. Cette science, connue de nos jours sous le nom d'économie politique, acheva l'œuvre de Vincent de Paule. La révolution de 89, qui venait rendre à la vie sociale tous les membres regardés jusque-là comme déchus, ne pouvait laisser dans l'oubli les enfants trouvés. Elle changea complètement en France la situation de ces victimes du préjugé, les plaça sous l'empire d'une juridiction uniforme et leur donna un état civil. La république fit plus, elle leur donna une mère : les enfants trouvés furent déclarés enfants de la patrie. Les évènements allèrent plus vite que la volonté des législateurs : la république avait emporté la monarchie dans un orage ; l'empire à son tour emporta la république. Le sort des enfants trouvés se ressent du régime exceptionnel qui gouvernait alors la France ; ils sont mis hors du droit commun : seuls parmi les citoyens, la loi les condamne à ne pas jouir des chances favorables du tirage. Le ministre de la marine et le ministre de la guerre peuvent les réclamer pour le service de nos flottes ou de nos armées, dès qu'ils ont atteint l'âge de douze ans. Soumis à une sorte de servage militaire, les voilà donc traités une dernière fois comme dans le monde païen, avec cette différence qu'au lieu d'appartenir à un maître, ils sont maintenant la propriété de l'état qui les a recueillis. La patrie est bien encore, si vous voulez, une mère pour ces enfants délaissés, mais c'est une mère qui les oblige à mourir pour elle. Une disposition si contraire à nos mœurs constitutionnelles ne pouvait survivre à la chute du régime impérial. A peine le sceptre de la France, c'est-à-dire son glaive, fut-il brisé, à peine la guerre fut-elle effacée de l'Europe avec les pas du conquérant, cette mesure tout-à-fait transitoire tomba d'elle-même dans l'oubli. La restauration rendit aux enfants trouvés la liberté de choisir l'état qui leur convenait. Il est à désirer qu'on fasse disparaître à cette heure de notre code un texte aboli, dont la

L'HOSPICE DE PARIS

lettre seule subsiste encore, comme la trace d'une époque fameuse où la gloire offensa quelquefois la justice et les droits de l'humanité.

Si le décret de 1811 détourna les établissements d'enfants trouvés de leur destination charitable, en faisant de ces maisons des pépinières de soldats ou de matelots, on ne peut disconvenir d'un autre côté que le législateur n'ait très largement pourvu (trop largement peut-être) à la conservation des nouveau-nés. Des hospices s'élevèrent dans toute la France, et un tour fut annexé à ces asiles pour protéger le mystère des admissions. Avant de juger au point de vue économique et moral cette institution mêlée d'inconvénients, rendons ici justice au sentiment qui fit ouvrir chez nous une porte secrète de salut pour recevoir l'enfance délaissée. Ce sentiment fut généreux. La société présente aujourd'hui à Dieu, non, comme les sociétés anciennes, des victimes détruites, mais des victimes conservées, c'est-à-dire des infirmes secourus, des pauvres soulagés, de petits enfants sauvés de la mort qui les attendait à leur entrée dans la vie. Voilà les offrandes du nouveau culte que la philosophie et la science doivent inaugurer sur la terre.

Nous allons achever en quelques traits le tableau historique du sort des enfants trouvés dans les temps modernes. Il existe ici une division entre les pays catholiques et les pays protestants. Les uns ont ouvert un grand nombre d'asiles aux nouveau-nés ; la France en comptait à elle seule trois cent soixante-deux, autant que d'arrondissements ; les autres n'ont voulu instituer pour ces malheureux aucuns secours publics. Tandis que la France, la Belgique, l'Italie, l'Espagne, l'Autriche, entraient, avec la passion de la charité, dans la voie ouverte par Vincent de Paule, et ajoutaient même à la liberté des admissions un voile impénétrable, l'Angleterre refusait absolument de les suivre et continuait à se passer d'hospices. A Londres, dont la population est de 1,250,000 habitants, les nouveau-nés sont recueillis, comme autrefois en France, par la charité particulière, ou élevés aux frais des paroisses. L'état ne fait rien pour eux. Il est naturel de se demander si le nombre des naissances abandonnées est moindre dans les pays protestants, où la liberté du tour n'existe pas, que dans les pays catholiques, où l'institution reçoit tout ce qui se présente. Selon un économiste connu par ses recherches sur l'état des enfants trouvés dans les divers pays de l'Europe, M. de Gouroff, Londres

Alphonse Esquiros

n'a eu dans l'espace de cinq ans, depuis 1819 jusqu'à 1823, que 15 enfants exposés. Le nombre des enfants illégitimes reçus dans les quarante-quatre maisons de travail ne s'est élevé dans le même espace de temps qu'à 9,668, ce qui fait une moyenne de 933 par année. A Paris, où la population est beaucoup moins considérable, on a reçu dans la même époque 5,000 enfants, année commune, à l'hospice dit de la Maternité. Ces calculs ont été récemment attaqués par M. de Lamartine. Suivant lui, l'Angleterre aurait, sous un nom plus honnête, trois fois plus d'enfants trouvés à la charge de l'état que nous n'en avons en France. L'attaque manque, au reste, d'une base solide. A des chiffres, il faudrait répondre par des chiffres, et l'opinion de M. de Lamartine n'a jusqu'ici pour elle aucune statistique.

Si le nombre des enfants trouvés varie avec les latitudes du globe, leur condition n'est pas non plus la même chez toutes les nations modernes. En Espagne, les fils d'origine inconnue étaient regardés, dit-on, comme gentilshommes. Le peuple le plus fier et le plus pauvre du monde donnait aux enfants trouvés ce qu'il avait de mieux, la noblesse. Il aimait à étendre le manteau troué du *caballero* sur la naissance douteuse de ces infortunés qui sont traités ailleurs comme des esclaves. En Russie, les enfants exposés appartiennent encore de nos jours à celui qui les a recueillis, si toutefois il est noble ; dans le cas contraire, ils sont, inscrits parmi les paysans de la couronne. On voit que la servitude ancienne s'est maintenue, pour les enfants trouvés, sous le gouvernement le plus arriéré de l'Europe. Il en est de même, à plus forte raison, pour toutes les nations étrangères à notre continent. Le mouvement de conservation et de délivrance, introduit chez nous depuis surtout deux siècles en faveur des enfants naturels et abandonnés, n'existe point pour les peuples chez lesquels le christianisme et la philosophie moderne n'ont point encore étendu leurs progrès. Le nouveau-né n'a pas cessé d'être la propriété de celui qui lui a donné naissance et qui peut le détruire, si bon lui semble. Les naturels de l'Afrique, les indigènes du Nouveau-Monde, les sauvages de l'Océanie, en un mot tous les peuples arrêtés aux formes antérieures de la civilisation, continuent de tuer ou d'exposer à leur choix les enfants qui les embarrassent. Dans tous ces pays, l'espèce humaine agit envers elle-même comme envers ces animaux domestiques

L'HOSPICE DE PARIS

dont la fécondité incommode a besoin d'être de temps en temps réprimée. Il n'y a rien à cela de surprenant, puisqu'en France même il a fallu le sourd travail des croyances et des idées pour amener définitivement le triomphe de ce principe inconnu des anciens, dont saint Vincent de Paule a fait une œuvre, dont Napoléon a fait une loi : tout ce qui est né de la femme a droit à l'existence.

L'ensemble de nos études sur l'état de choses actuel aboutit à une conclusion négative. En s'appuyant sur le mécanisme administratif, on n'arrive, comme nous l'avons vu, qu'à des résultats insuffisants. La législation en vigueur, quoique favorable aux enfants trouvés, est elle-même restée en arrière de nos institutions et de nos mœurs. Il y a donc peu d'espoir que le gouvernement parvienne à résoudre, de ce côté-là, un problème si grave, devant lequel l'habileté de Necker a reculé, et qui provoque à cette heure l'effroi des conseils-généraux. Ne conviendrait-il point, dans une telle situation morale, de déplacer le terrain des faits ? Si l'on se transportait au milieu du théâtre même des expositions, au lieu de chercher le remède dans des hospices toujours impuissants à détruire, sinon à soulager le mal, ou dans une législation pleine de lacunes, ne trouverait-on point dans la société des éléments pour un meilleur système de secours aux enfants trouvés ? C'est ici un nouveau point de vue, une nouvelle face de la question, qui a besoin d'être traitée à part, et qui nous semble réclamer une attention sérieuse.

DES PLUS RÉCENTS TRAVAUX SUR LA QUESTION D'UNE REFORME PROCHAINE DANS L'ADMINISTRATION DES ENFANTS TROUVES.

I. – CAUSES DES EXPOSITIONS.

La question des enfants trouvés est entrée, depuis ces derniers temps, dans une phase nouvelle. L'administration des hospices et la science économique ont tour à tour apporté leurs lumières à l'œuvre difficile d'une réforme. D'un côté, les conseils-généraux signalaient l'accroissement des enfants trouvés comme un fléau dangereux pour nos finances ; de l'autre, des hommes graves étudiaient au

Alphonse Esquiros

sein de la société le côté moral de la situation. Le moment est venu de se faire une opinion sur le meilleur système de secours qu'il convient d'adopter. Ce système doit s'appuyer avant tout sur la connaissance des causes de l'exposition, comme sur un moyen d'atteindre et de détruire le mal dans sa racine. Rechercher ces causes, qui ne sont pas encore toutes dévoilées, examiner la valeur des mesures que l'administration a essayées contre l'accroissement des enfants trouvés, présenter un projet de réforme qui prenne, de plus haut les besoins de la mère et qui réunisse autour d'elle les éléments d'une nouvelle charité, tel sera aujourd'hui l'objet de nos études.

Il faut d'abord bien établir qu'en général les mères n'abandonnent point leurs enfants sans y être contraintes. Le sentiment de la maternité est tellement dans la nature de la femme, qu'il commence chez elle presque avec l'existence. Jeune fille, elle nourrit ce sentiment confus ; chaque enfant qu'elle rencontre communique une vivacité nouvelle aux vœux que, sans le savoir peut-être, elle forme déjà au fond de son cœur. Plus tard le mariage vient donner un but à ces vagues aspirations. On la voit alors partager tout son être avec le nouveau-né qu'elle porte sur son sein, lui donner son âme dans chaque sourire, et se dévouer par amour pour lui aux plus rudes fatigues. Ses idées, ses soins, ses regards, n'ont plus alors qu'un objet : être mère, c'est toute la femme. Quand mille exemples de cette tendresse aveugle, infinie, inépuisable, existent tous les jours sous nos yeux, quand chacun de nous en a senti les douces et pénétrantes atteintes, comment croire après cela qu'une femme renonce volontairement aux devoirs de mère ? Non ; nous sommes obligés d'admettre que, dans presque tous les cas, sa résolution a été forcée par des causes supérieures à l'attrait de la nature. Telle est la règle générale contre laquelle ne sauraient prévaloir quelques tristes exceptions.

Ces exceptions, devons-nous en tenir compte ? Sans doute, dans un travail complet sur les causes de l'exposition, il faut réserver une place à la plus déplorable de ces causes, à cet endurcissement du cœur qui est un vice de la nature contre lequel la société ne peut rien ; mais nous ne voulons nous occuper ici que des causes contre lesquelles il est des remèdes efficaces. Notre but n'est pas de satisfaire une curiosité stérile, nous cherchons à réunir les éléments d'une réforme pratique. L'absence de l'amour maternel est d'ailleurs, dans la plupart des cas, moins une cause qu'un effet. Ce n'est pas toujours la nature qu'il faut accuser, c'est le désordre, la misère, souvent aussi le hasard de la naissance. Ce qu'on pourrait nommer la race des enfants trouvés se conserve, se reproduit par elle-même. D'après les statistiques officielles, 129,629 enfants délaissés donneraient à leur tour un chiffre moyen de 36,000 expositions annuelles. Un tel résultat ne doit pas nous étonner. Où ces malheureux prendraient-ils envers leurs nouveau-nés des sentiments et des soins qu'on n'a pas eus pour leur enfance ? Les sentiments du cœur se correspondent, et l'on donne, aux autres selon que l'on a reçu soi-même. La fille qui n'a point connu sa mère ne tiendra pas beaucoup de son côté à connaître son enfant et à le garder auprès d'elle. L'exposition crée de la sorte des êtres sans solidarité morale. Cette indifférence transmise contribue énormément à perpétuer, surtout dans nos grandes villes, une population d'hommes et de femmes qui, privés de famille à leur naissance, se croient délivrés ensuite de l'obligation d'en élever une. Diminuer le nombre des enfants trouvés, ce serait diminuer en même temps le nombre de ces parents dénaturés.

Nous sommes ramenés ainsi à la nécessité d'une lutte à la fois énergique et prudente contre les seules causes d'exposition que l'on puisse se flatter de détruire. Ces causes, l'administration ne les a qu'imparfaitement connues jusqu'à ce jour. Il y a dans le cœur de l'homme et surtout dans celui de la femme mille nuances délicates que la statistique ne saura jamais atteindre ni fixer. Il est donc nécessaire d'employer des moyens de contrôle plus subtils. L'analyse morale, le raisonnement, l'observation personnelle des faits, tels sont les fils conducteurs qui nous paraissent mener plus directement, et comme par un chemin de traverse, à la connaissance des causes de l'exposition dans les grandes villes.

Nous diviserons ces causes en deux classes selon le caractère des influences auxquelles la mère obéit : tantôt sa volonté nous apparaît comme enchaînée par une nécessité impérieuse ; la crainte du déshonneur, le désordre, la misère, ont triomphé de l'amour maternel ; tantôt à côté de la nécessité se place une autre influence. Des conseils, d'odieuses menaces, en un mot l'action intelligente d'une volonté perverse remplace ou fortifie vis-à-vis de la mère

Alphonse Esquiros

l'action fatale des évènements. Suivant MM. Terme et Montfalcon, les expositions dont la crainte du déshonneur a été le seul motif figurent pour un chiffre bien minime dans la somme totale des abandons d'enfants. Un prêtre que les fonctions de son ministère ont mis à même d'observer les faits de plus près, l'abbé Gaillard, croit au contraire que le sentiment de la honte est une des influences qui enlèvent le plus d'enfants à leurs mères. La statistique nous dit en effet que les expositions sont plus nombreuses, toutes choses égales d'ailleurs, dans les endroits où les mœurs sont plus sévères, et qu'elles diminuent dans les pays où les mœurs se relâchent.[1] Quelle conséquence tirer de ces résultats ? Faut-il démoraliser la population pour diminuer le nombre des enfants trouvés ? Le remède serait ici pire que le mal. Nous aurons à voir si des mesures dictées par une sollicitude éclairée et charitable pour les filles-mères ne conduiraient pas plus sûrement au même résultat. Le sort de ces filles mérite encore plus de pitié que de blâme, car leur supplice vient d'un sentiment honnête : c'est ce qu'on garde de vertu dans le vice qui fait rougir.

Si des motifs d'honneur et de délicatesse déterminent quelques mères à se séparer de leurs enfants, le désordre des mœurs n'entraîne-t-il point d'un autre côté les mêmes conséquences ? Ici la réponse, il faut l'avouer, est moins facile. On ne peut nier que la débauche ne soit une cause d'endurcissement. Cependant il ne faudrait pas s'en exagérer l'importance. Des médecins dont le témoignage s'appuie sur une longue et constante pratique dans nos grandes villes assurent que les filles les plus libertines, les plus éhontées, sont souvent les plus désolées, les plus malheureuses, quand la nécessité les oblige à se séparer de leurs enfants. Si quelques économistes ont classé la débauche parmi les causes dominantes d'exposition, c'est qu'ils ont confondu son influence avec celle de la vie dissipée, des mœurs oisives au milieu desquelles elle se produit souvent. Les habitudes de coquetterie et de dissimulation que cette vie entraîne mènent plus rapidement encore que le

1 A Strasbourg, par exemple, où l'opinion est très tolérante, plusieurs maternités précèdent en général le mariage dans les classes inférieures, et cette violation de la pudeur n'entraîne pourtant qu'un nombre assez faible d'enfants trouvés. La raison en est simple : ces filles-mères trouvent aisément à se placer avec leur nouveau-né, en qualité de nourrices, chez les bourgeois de la ville, qui ferment les yeux sur une faiblesse regardée comme tout ordinaire.

DES PLUS RÉCENTS TRAVAUX SUR LA QUESTION

désordre à l'oubli des devoirs maternels. Des femmes qui falsifient tout jusqu'à leur visage finissent par user la délicatesse et pour ainsi dire la fleur de leurs sentiments, comme elles altèrent la fraîcheur de leur teint sous le fard dont elles se couvrent. Les mères insensibles aux douceurs de la maternité se rencontrent en assez grand nombre parmi les filles de théâtre, les femmes entretenues et cette nouvelle variété de femmes galantes connues sous le nom de *lorettes*. De telles personnes se sont habituées à tromper tous les sentiments de la nature. Elles élèvent à grands frais dans leurs appartements des aras, des singes, des lévriers, et elles font porter leur enfant à l'hospice, se déchargeant sur la charité publique du soin de pourvoir à sa nourriture. Une naissance n'est, pour ces créatures égoïstes et blasées, qu'un embarras, un outrage à leur beauté, un fléau destructeur de leurs charmes.

La preuve du reste que cette négligence, souvent même cette haine des enfants, n'est pas toujours la suite de mœurs déréglées, c'est qu'on retrouve un semblable oubli des devoirs de la nature chez des femmes mariées. Les économistes ne sont point encore parvenus à se mettre d'accord sur la proportion des enfants légitimes reçus dans les hospices. Dans quelques localités, assure M. Lelong, membre du conseil-général de la Seine-Inférieure, leur nombre a égalé et quelquefois même dépassé le nombre des expositions d'enfants nés hors du mariage. Ce résultat est au moins douteux ; mais, quel que soit le chiffre relatif des uns et des autres, on ne peut se défendre d'un sentiment pénible en songeant que ces enfants légitimes se trouvent déchus par un tel abandon de tous leurs droits civils. Cet acte seul leur imprime un caractère de bâtardise. Les femmes mariées qui exposent leurs enfants veulent bien pour elles des bénéfices et de la considération que donne dans la société l'union légale, mais elles ne veulent point étendre les mêmes avantages à leur postérité. Égoïsme monstrueux ! Les pauvres filles-mères qui, abandonnées de leurs séducteurs, élèvent à force de privations et de sacrifices le fruit d'un commerce illicite, affligent sans doute la morale publique ; mais leur libertinage nous révolte moins que cette froide et sordide indifférence couverte du manteau de la légalité.

La crainte de la honte, la dépravation, l'endurcissement, sont des influences toutes morales. Il est une influence matérielle qui résume toutes les autres : nous avons nommé la misère. Plus les conditions de l'existence sont dures pour une race du genre humain ou pour une classe de la société, moins les mères tiennent à léguer à leurs enfants le triste héritage de leurs souffrances et de leurs privations. Un savant anatomiste, M. Serres, nous racontait un jour avoir reçu des crânes de nouveau-nés qui provenaient d'une race soumise et maltraitée ; ces crânes portaient tous la trace imperceptible d'une piqûre d'aiguille qui avait dû occasionner sourdement la mort. Aux colonies, les femmes esclaves font périr en secret leur fruit dans leurs entrailles ou après leur délivrance, dans la crainte d'ajouter de nouvelles fatigues à leurs travaux, déjà si pénibles. Chez nous, les pères et mères des classes inférieures de la société montrent d'autant moins de répugnance au délaissement, qu'ils doivent faire partager à leur nouveau-né un sort plus triste et plus nécessiteux. La pauvreté exerce encore une plus grande influence sur l'exposition des enfants légitimes que sur l'exposition des enfants naturels. Suivant MM. Terme et Montfalcon, l'extrême misère peut contraindre une femme, bonne mère d'ailleurs, au délaissement de son nouveau-né : ils en ont vu des exemples. L'abbé Gaillard croit même que cette cause agit presque seule sur l'abandon des enfants nés dans le mariage. Les médecins qui ont eu l'heureuse mission d'assister de pauvres femmes du peuple dans les travaux de l'enfantement ont presque tous été témoins de scènes navrantes. Quelques-unes accouchent sur la paille dans des greniers. Le médecin est obligé d'envoyer chercher de vieux linges tour envelopper l'enfant, qui sans cela eût été porté tout nu à l'hospice. Ces femmes fondent en larmes et en sanglots quand elles voient leur nouveau-né s'éloigner d'elles. Il est rare qu'elles permettent son enlèvement sans se ménager par quelques signes le moyen de le retrouver un jour : dernière précaution bien touchante de la part d'une malheureuse mère qui se voit à ce point abandonnée de Dieu et des hommes ! L'espérance, ce sentiment dont la religion a fait une vertu, est, dans le cœur de la femme contrainte d'abandonner son enfant, quelque chose de plus encore : c'est la foi en une Providence qui protège les petits de l'oiseau sous l'aile de leur mère. Hélas ! il arrive trop souvent que l'oiseleur arrache pour toujours la couvée du nid et que le besoin enlève à jamais l'enfant du berceau.

DES PLUS RÉCENTS TRAVAUX SUR LA QUESTION

Un ordre de causes moins connues comprend celles qui supposent l'action d'une volonté étrangère à celle de la mère. Sur ce terrain, c'est le père que nous rencontrons d'abord. Il faut le dire à son honneur, la femme se résigne moins aisément que l'homme à l'abandon de son enfant. Presque toujours sa résolution a été forcée, soit par l'éloignement du séducteur, soit par les conseils de l'amant ou du mari. La position abaissée de la femme dans les classes ouvrières est une des causes morales qui contribuent le plus à peupler nos hospices d'enfants trouvés. Une malheureuse accouche-t-elle sur un grabat, souvent l'homme sera assez lâche pour lui faire un crime de sa fécondité. En général, ces pauvres créatures accueillent ces grossières offenses avec un murmure timide et patient. Le père annonce hautement la résolution de mettre le nouveau-né à la charge de l'hospice : la mère désire le conserver, elle le ferait si elle était seule ; mais la crainte d'aggraver par sa résistance une position déjà si affreuse et d'encourir tout-à-fait la disgrâce de son mari l'emporte sur le sentiment maternel : elle se résigne. Accoutumée à fléchir dans toutes les actions de la vie, elle obéit cette fois encore en gémissant. Il n'est pas rare que le mari se charge de porter lui-même l'enfant dans le tour. Quelques économistes ont accusé le libertinage des mères : trop souvent la mauvaise conduite de l'homme amène le mépris des devoirs chez la femme, et les enfants portent la peine attachée au relâchement des liens conjugaux. L'exposition, dans un pareil cas, n'a même pas la misère pour excuse : des parents sans tendresse et sans moralité se débarrassent quelquefois des fruits du mariage uniquement pour être plus libres de suivre leurs penchants vicieux.

L'action de l'homme sur l'accroissement des expositions ne se limite pas à ce triste abus de l'autorité paternelle : dans nos campagnes, elle s'exerce encore sous une autre forme. Il n'est guère de plaie vive du cœur humain sur laquelle ne s'établisse une industrie ignoble et parasite. On ne s'attendait sans doute pas à rencontrer dans notre société le métier d'*expositeur* ; ce métier existe pourtant, il est même lucratif. De tels hommes se chargent, moyennant un prix convenu, de conduire secrètement au tour le plus voisin les enfants qu'on veut faire disparaître. Une facilité qui sert si bien les désirs de tant de filles ne pouvait manquer d'être recherchée ; les expositeurs ont réussi. Leurs prétentions s'accroissent à mesure qu'ils ont la

Alphonse Esquiros

conscience d'être plus nécessaires : en général, ces hommes vendent chèrement leurs services ; ils reçoivent pour chaque enfant une rétribution qui s'élève de 30 à 100 francs. Ce tarif varie d'ailleurs selon les localités et selon les personnes dont les expositeurs tiennent le secret entre les mains. Quelques-uns sont parvenus à mettre leur entreprise clandestine sur le pied d'un véritable établissement industriel ; ils travaillent en grand et ont des voitures pour faire régulièrement le chemin de l'hospice. Si encore ces misérables ne faisaient que servir l'indifférence de certaines mères en leur facilitant les voies à l'exposition ! mais on a vu des repris de justice, des gens sans aveu, parcourir ainsi tout un département, et intimider les filles séduites pour leur arracher le fruit de leur grossesse. Il y en a même qui poussaient la contrainte et l'audace jusqu'à ravir les enfants dans les bras des mères, en les menaçant de les perdre si elles refusaient de les leur abandonner moyennant un indigne salaire. Suivant M. Curel, préfet du département des Hautes-Alpes, cette vile spéculation est une des causes qui livrent le plus d'enfants aux tours des hospices. Dans quel état encore les malheureux confiés aux mains des expositeurs arrivent-ils entre les bras de la charité publique ! Des faits d'une gravité accablante démontrent que ces hommes ne respectent guère la matière de leur industrie : des enfants ont souvent péri, faute de soins, durant le trajet ; d'autres ont été jetés à la porte de l'asile avec une négligence déplorable. Un enfant n'est, pour de tels êtres, qu'une marchandise dont ils n'ont pas même à supporter les avaries. Les tribunaux ont sévi çà et là contre ces criminels abus ; mais, il faut bien le dire, ils ont sévi mollement. La crainte d'un jugement et de quelques mois de prison ne suffit pas à éloigner ces spéculateurs sans âme et sans pudeur d'un métier qui leur produit de beaux bénéfices. Il faudrait d'ailleurs plus qu'une répression accidentelle pour arrêter la pratique de telles manœuvres ténébreuses ; il faudrait un système de surveillance bien établi et sévèrement pratiqué.

Les officiers de santé ne sont pas toujours demeurés étrangers à de semblables actes ; mais, de toutes les instigations qui poussent les filles-mères à l'abandon de leurs nouveau-nés, la plus puissante dans les grandes villes, c'est l'entremise des sages-femmes. Nous devons arrêter ici quelques instants notre attention sur une plaie affligeante et peu connue. L'institution des sages-femmes n'est point condamnable en principe ; elle a pour but d'offrir à la mère, dans les classes pauvres, des secours qu'elle ne peut réclamer du médecin, de fournir aussi un asile secret et assuré aux jeunes filles qui se trouvent dans la nécessité de donner clandestinement le jour à un enfant. Si de tels services sont utiles, la nature même de cette utilité les rend dangereux pour la morale publique. Il ne faut pas que la jeune fille ou la femme mariée qui a commis une faute ne puisse la cacher ; si telle était l'intention du législateur, il aurait voulu multiplier le suicide et l'infanticide. La force des préjugés est si grande en effet, que souvent on a recours au crime pour masquer une faute. La femme chez laquelle tous les sentiments d'honneur et de délicatesse frémissent encore se détruira ou détruira son enfant, plutôt que de divulguer sa faiblesse. Elle tue pour qu'on ne sache pas qu'elle a aimé, c'est-à-dire qu'elle a été femme. Dans un tel état de choses, on comprend la nécessité d'un asile mystérieux où cette infortunée reçoive tous les soins que réclame son état. Cet asile de l'amour trompé, souvent même du repentir, existe chez la sage-femme. Celle qui prend à petit bruit le chemin d'une de ces maisons de refuge ne lui confie pas seulement sa vie, son enfant, mais encore son secret ; elle s'y décide avec d'autant moins de peine, que la sage-femme, avant tout, est femme, et qu'à ce titre elle comprend les faiblesses de son sexe. On lui dit ce qu'on n'oserait pas dire au médecin, ce qu'une timidité bien naturelle fait cacher même aux parents. La sage-femme est donc, sous ce point de vue, un confesseur qui a charge d'âme. Plus de telles fonctions sont importantes et délicates, plus l'abus en est facile : ce voile de mystère qui protège la naissance dans la maison d'accouchement peut favoriser bien des désordres. Il faudrait que les sages-femmes fussent d'une moralité au-dessus de toutes les séductions pour ne trahir jamais le secret qui leur est confié, pour détourner du libertinage la jeune fille timide qui vient réclamer leur secours une première fois. A ces conditions, leur ministère mériterait vraiment la reconnaissance publique. En est-il ainsi ? Existe-t-il beaucoup de sages-femmes honnêtes, charitables, discrètes, qui soient pour la jeune fille séduite des sœurs aînées, et qui cherchent à la ramener aux bonnes mœurs tout en soulageant sa souffrance ? Avant de répondre à cette question, nous devons rechercher la source à laquelle l'institution des sages-femmes se renouvelle constamment

Alphonse Esquiros

dans les grandes villes.

Il nous en coûte de le dire : cette source est impure. Des filles qui ont vécu du théâtre ou de la débauche finissent d'ordinaire par prendre, en désespoir d'amants, une profession qui n'exige pas de grandes études.[1] Voilà les mains, au moins suspectes, entre lesquelles plus d'une jeune fille séduite, mais encore intéressante après sa faute, vient remettre ce qu'elle a de plus précieux au monde, son honneur et son enfant ! Qui ne tremblerait pour l'un ou pour l'autre de ces trésors, surtout quand il est si aisé d'en trahir le dépôt ? C'est à peine si une moralité vigoureuse résisterait à des épreuves aussi délicates, aussi répétées ; comment espérer que l'honnêteté douteuse ou tout au moins bien novice de ces femmes sortira d'une telle entreprise avec les honneurs de la guerre ? Voyons maintenant si l'expérience justifie nos craintes.

Il semble d'abord que les sages-femmes devraient être plus nombreuses dans les endroits où l'on a le plus besoin de leurs services. L'administration l'a voulu ainsi, mais le contraire arrive, et ce fait seul nous met sur la trace des abus que cache leur ministère. Les sages-femmes sont très nombreuses à Paris et dans les grandes cités, où les secours de la médecine sont prompts et faciles ; elles sont rares dans les petites villes, où ces secours sont moins à la portée de tous les habitans ; elles manquent enfin dans les hameaux, où leur entremise serait la plus utile à cause de l'absence des hommes de l'art. Ces femmes recherchent évidemment les grandes villes, parce que les grandes villes sont des foyers de libertinage. Il n'est personne qui, en parcourant les rues de Paris, n'ait remarqué le nombre vraiment prodigieux des tableaux de sages-femmes qui garnissent les murs. Plus on s'enfonce dans les quartiers pauvres, obscurs, mal famés, plus ces enseignes se multiplient. Le grand nombre des maisons d'accouchement, évidemment hors de toute proportion avec les besoins réels, la vie excentrique et dissipée que mènent les maîtresses de ces établissements, tout nous dit que souvent leur profession est un masque, et que sous ce masque se cachent çà et là d'autres manœuvres que l'on n'avoue pas. Il nous

---

1 Ceux qui ont été à même d'observer les mœurs des habitants de la campagne savent fort bien que les femmes qui ont souvent été mères sont regardées comme très capables d'assister et de conseiller les jeunes femmes en travail dans les hameaux où la médecine n'est pas encore représentée. Ce sont les matrones.

DES PLUS RÉCENTS TRAVAUX SUR LA QUESTION

reste à chercher quelles sont ces manœuvres, et comment de telles femmes vont mêlant la sainteté de leur ministère à toute sorte de profanations.[1]

Pour beaucoup d'entre elles, ce métier est un prétexte, un voile complaisant destiné à couvrir le dérèglement des mœurs, tout en attirant les regards, et en montrant le chemin de leur domicile. Les sages-femmes, dans les grandes villes, ne viennent pas seulement au secours de la licence, elles vont pour la plupart au-devant. On les voit s'entremettre à l'envi dans toute sorte d'intrigues, et négocier, moyennant un prix fixé, des rencontres funestes à la vertu. Couvertes du manteau de la science qu'elles possèdent assez mal, ces créatures spéculent, et sur quoi ? sur ce qu'il y a de plus délicat, de plus précieux, de plus sacré dans le monde, les faiblesses du cœur et la maternité ! Les sages-femmes ont tout profit à favoriser la violation des devoirs. Loin de détourner la jeune fille d'une première faute, leur intérêt est au contraire de l'engager à la récidive, en lui évitant les ennuis et les embarras de la fécondité. Aussi excitent-elles la jeune mère à l'abandon de son enfant, comme au seul moyen de conserver intacte la liberté de ses actions. L'ardeur que mettent les sages-femmes à séparer les filles-mères de leur nouveau-né relève d'un motif plus profond et plus calculé qu'on ne le croirait. Les maîtresses de maisons d'accouchement n'enlèvent pas le nouveau-né pour l'hospice, en vue seulement du gain attaché à cette démarche clandestine : non ; elles savent que l'enfant est en outre un moyen de réparation pour la mère, et elles craignent plus que tout le reste les suites de cette influence morale.

L'action que les sages-femmes exercent à Paris sur les expositions d'enfants est incalculable ; non-seulement la plupart d'entre elles acceptent volontiers la commission de porter elles-mêmes le nouveau-né aux Enfants-Trouvés, mais, non contentes d'une coupable complicité, elles obsèdent, en cas de résistance, l'esprit affaibli des femmes récemment délivrées, pour les amener à une séparation contre laquelle se soulève la nature. Quelques-unes ont eu recours, en pareil cas, à la menace ou à la fraude. A peine

1 Les renseignements qu'on va lire ont été recueillis par un médecin distingué dans le cours d'une longue et orageuse pratique. Nous avons dû, par une réserve que l'on comprendra, écarter quelques détails, sans cependant sacrifier les faits principaux. Quand on tient à guérir une plaie, il faut avoir le courage de la sonder et d'en étudier la nature.

Alphonse Esquiros

ont-elles obtenu, par une sorte de contrainte morale, la permission d'enlever le nouveau-né pour l'hospice, qu'elles s'en saisissent comme d'une proie. Ce petit être leur a été remis ordinairement couvert des nippes de la mère ; un grand nombre de ces femmes le dépouillent en chemin, et le jettent ensuite tout nu dans le tour. Voler les langes d'un enfant abandonné, c'est presque aussi odieux que de prendre le linceul d'un mort ! La maison d'accouchement, située dans le quartier Saint-Jacques, étant ouverte aux sages-femmes comme le théâtre classique de leurs études, elles en profitent pour y semer de mauvaises influences. Parmi les femmes enceintes qui mettent au jour dans cet hospice les fruits de l'imprudence ou de la débauche, il y en a un grand nombre qui sont irrésolues sur la destination de leur enfant. Les religieuses leur donnent de bons avis pour les déterminer à remplir les devoirs de mère. Le plus souvent ces avis ont un heureux résultat : les pauvres Madeleines, à demi repentantes, sont sur le point de sortir de l'hospice avec leur enfant qu'elles ont bien l'intention de garder. Une sage-femme survient qui détruit l'ouvrage des religieuses. Cette mauvaise conseillère choisit plus d'une flèche dans son carquois ; elle en a qui manquent rarement le but. Elle trouve moyen de persuader à la mère que son enfant sera mieux traité entre les bras de la charité que dans les siens, déjà si chargés de misères et de travaux. Une des ruses, un des argumens que les sages-femmes emploient le plus ordinairement en pareil cas, et qui ont le plus de prise sur le cœur des faibles mères, c'est de leur laisser croire qu'elles pourront communiquer librement avec leur nouveau-né après son admission dans l'hospice. On sait qu'il n'en est rien : l'enfant tombé dans le tour est un enfant perdu pour sa mère. Quelques sages-femmes ont eu alors recours à des artifices inimaginables pour abuser les pauvres filles durant plusieurs années, en leur donnant sur le compte de leur enfant des nouvelles fausses, qu'elles faisaient semblant de tenir de l'administration par une voie secrète et coûteuse. Il va sans dire que les mères payaient les frais de cette correspondance imaginaire. La ruse finissait quelquefois par se découvrir : l'enfant était mort ou perdu depuis long-temps ; mais la honte de leur lâche action réduisait le plus souvent ces malheureuses mères au silence, et assurait l'impunité d'une complice mille fois plus coupable qu'elles-mêmes.

DES PLUS RÉCENTS TRAVAUX SUR LA QUESTION

Comme on le voit, les sages-femmes ont d'autres motifs que la rétribution directe pour exhorter les mères au délaissement. Ce gain pourtant n'est pas à dédaigner. Les sages-femmes exigent en général de 20 à 30 francs pour déposer un enfant dans le tour, et croirait-on qu'une quinzaine d'entre elles à Paris portent à l'hospice jusqu'à sept enfants par semaine ? ce qui suppose en moyenne, pour chacune, un revenu de 9,000 francs par an ! Quelques-unes même retirent de leur industrie un bénéfice encore plus considérable ; il y en a qui prélèvent sur les expositions une rente annuelle de 14,000 à 20,000 francs. Sur 5,000 nouveau-nés (et nous comptons au plus bas) qui tombent, année commune, à la charge de l'hospice de Paris, la moitié au moins ont passé entre les mains des sages-femmes. On voit d'ici quelle vaste exploitation ! Il n'y a plus guère sujet après cela de s'étonner du grand nombre des sages-femmes et de la concurrence qui règne en un pareil métier. On a plutôt le droit d'être surpris en voyant ces pourvoyeuses du tour exiger un prix si élevé d'une commission que le premier venu pourrait remplir ; mais les sages-femmes ont le talent d'exagérer aux yeux des filles-mères les difficultés de l'admission dans l'hospice. Elles profitent ainsi de l'ignorance et de la honte des malheureuses pour les rançonner, car ces difficultés n'existent pas : le tour est ouvert pour tout le monde. Enfin elles s'arment de toutes les ressources du charlatanisme pour persuader aux mères que le secret de l'exposition sera mieux placé entre leurs mains. La discrétion devrait assurément constituer la première qualité de semblables confidentes, mais les sages-femmes ne connaissent que la discrétion qui s'achète, et la coupable facilité avec laquelle ces femmes vendent le secret qui leur a été confié n'a d'égale que leur adresse à poursuivre et à dévoiler les traces d'une affaire ténébreuse.

Les enfants que les sages-femmes ravissent en quelque sorte par violence au sein des mères sont-ils du moins déposés invariablement dans le tour de l'hospice ? Des témoignages accablants nous forcent d'en douter. D'abord un certain nombre de ces enfants sont exposés sur la voie publique ; ces commissionnaires infidèles trouvent quelquefois plus commode de s'épargner les ennuis et les longueurs de la route en se déchargeant du nouveau-né au coin de la première borne venue. Il est arrivé aussi que des enfants confiés à des sages-femmes pour être portés dans l'hospice ont

Alphonse Esquiros

été redemandés plus tard à l'administration par leurs parents, et n'ont pas été trouvés inscrits sur les registres. Ces enfants avaient été vendus par les sages-femmes dans des familles où se machinait une odieuse supercherie. Il fallait simuler une grossesse, un accouchement, pour que le mari, en l'absence d'héritiers directs, ne léguât pas ses biens à des collatéraux, et les sages-femmes avaient prêté avec empressement à ces tristes manœuvres un concours intéressé.

L'infanticide et l'avortement relèvent en grande partie des mêmes causes auxquelles nous avons dû attribuer la multiplicité des expositions. L'administration a dans ces derniers temps dirigé de nombreuses recherches statistiques sur les crimes envers les naissances, mais elle n'est pas remontée à la source. L'influence des sages-femmes se montre là plus active qu'ailleurs et plus funeste. C'est par leur intervention, souvent même par leur conseil, que se commettent presque toutes ces énormités dont la trace fugitive échappe trop souvent aux lumières de la justice. L'idée de l'infanticide ou de l'autre crime, plus lâche encore, est presque toujours, chez la jeune fille séduite, le résultat d'un sentiment d'honneur exagéré ou d'une légèreté déplorable. Si au malaise de son état, qui obscurcit toutes ses facultés morales, s'ajoute le concours de circonstances impérieuses ; si surtout une personne de son sexe, lui évitant l'embarras d'un aveu pénible, prête à ces circonstances l'entremise et le ministère de la science médicale, c'en est fait du fruit de la grossesse : on essaiera de porter en commun des mains criminelles sur l'ouvrage de Dieu.

Les causes des expositions et des crimes envers les naissances sont maintenant connues. C'est sur ces causes qu'il faut agir, si l'on, tient à restreindre sérieusement le nombre des enfants trouvés. Laissez la femme à ses inspirations ; écartez les besoins matériels dont le poids entraîne et subjugue trop souvent sa volonté ; éloignez d'elle surtout les démarches perfides, les industries intéressées à sa faiblesse, et nous croyons que le sentiment maternel, dégagé alors des circonstances qui l'excitent à faillir, combattra lui-même le fléau bien mieux que ne peuvent le faire les actes administratifs. Là, mais là seulement est le remède au mal. Faute de s'être attaqué aux causes des expositions, faute surtout d'être venu au secours de la nature pour lui restituer toute son action et tous ses droits, on n'a guère tenté jusqu'ici que des réformes impuissantes, téméraires, prématurées. L'administration supérieure a fait de grands pas en France depuis quelques années sur le terrain de la question des enfants trouvés ; mais, il faut bien le dire, et nous espérons le démontrer, ce sont des pas hors de la voie.

II – DES MESURES ADMINISTRATIVES : LE DÉPLACEMENT, LA FERMETURE DES TOURS

Il nous est venu d'Angleterre, dans ces derniers temps, je ne sais quelles théories matérialistes, qui au nom de l'économie sapent toutes les bases de la morale et de l'humanité. Que disent ces théories ? Les riches ne doivent rien aux pauvres ; il faut que chacun pourvoie comme il peut à ses besoins ; l'assistance publique est un abus qui encourage la paresse et les penchants vicieux. Peu s'en faut que, séduit par de telles doctrines, on n'ait déclaré la charité une vertu immorale ou tout au moins dangereuse. Voici un homme qui meurt de faim à votre porte gardez-vous bien de le secourir, car vous en feriez peut-être un mendiant ou un vagabond. Voici un enfant qu'une main inconnue a jeté sur le seuil de votre maison : n'allez pas commettre la faute de vous laisser attendrir et d'adopter cet enfant, car d'autres mères pourraient le savoir, et l'idée qu'une femme a pu exposer un nouveau-né sans causer sa mort les engagerait à en faire autant. Mal pour mal, nous aimons encore mieux la doctrine chrétienne qui a fait un précepte de l'aumône. Si l'aumône est un palliatif grossier et impuissant, elle entretient du moins le lien social. Une charité irréfléchie peut sans doute devenir funeste aux pauvres en les poussant à l'oisiveté, et nous sommes même prêt à reconnaître que dans beaucoup de cas il vaudrait mieux donner du travail que des secours. Travailler, c'est devenir meilleur : l'ouvrier actif rapporte non-seulement au logis, à la fin de la semaine, l'argent nécessaire pour nourrir sa famille ; il rapporte encore chaque soir à sa femme, à ses enfants, un front plus joyeux, un cœur plus fidèle et plus dévoué. Celui qui donne de l'ouvrage donne deux fois, car, outre le salaire qui est le fruit du travail, il communique le bien-être moral attaché à l'accomplissement d'un devoir. Il y aura néanmoins toujours une classe de pauvres que

Alphonse Esquiros

cette philanthropie n'atteindra pas. C'est surtout vers ceux-là, c'est vers les vieillards, les infirmes, les enfants en bas-âge, que la charité chrétienne inclinait le cœur des riches. Elle leur disait : Vous êtes les pourvoyeurs de leurs besoins ; je vous adjure de prélever pour eux un fonds sur la modération de vos vanités et de vos délicatesses sensuelles. Un tel langage était sans contredit plus humain que celui des économistes de la Grande-Bretagne ; il était même plus politique, car la société est aux yeux du philosophe un apport mutuel de forces et d'éléments divers qui se fécondent par l'union. La somme des services se mesure sur celle des biens : celui qui a plus reçu est tenu à faire et à donner davantage.

Quoi qu'il en soit, les doctrines économiques[1] contraires à la charité ont prévalu dans ces derniers temps. Un des résultats de l'application de ces doctrines au système administratif a été de réduire la somme des secours publics. Les enfants trouvés ne pouvaient manquer d'être compris dans une telle réforme. La question de ces enfants se rattache en effet à celle du paupérisme par des liens faciles à saisir : chez de telles victimes, sorties nues du ventre d'une mère ignorée, la pauvreté est, pour ainsi dire, de naissance. Qu'a prétendu l'administration en introduisant des changements dans le service des enfants trouvés ? Elle a voulu faire des économies. Il est bon sans doute d'épargner les deniers des contribuables, il est juste de ménager le budget, notre bourse à tous ; mais toute économie qui entreprend sur les comptes de la morale et de l'humanité est une économie onéreuse pour un état. Si peu que coûte l'oubli des devoirs de la charité, cet oubli coûte toujours trop cher. Il est vrai que l'économie a une morale à elle : moins on secourra les enfants trouvés, nous dit-elle, moins les pères et les mères exposeront leurs enfants. Ce raisonnement n'est pas neuf, il remonte au rhéteur Sénèque ; admis et suivi courageusement dans la pratique, il amènerait des conséquences monstrueuses.

Depuis long-temps les hospices de province se plaignaient du grand nombre d'enfants trouvés qui étaient à leur charge. On

---

1 Nous regrettons de retrouver une partie de ces doctrines dans un ouvrage récent : *Parti à prendre dans la question des enfants trouvés*, par M. T. Curel ; nous le regrettons d'autant plus, que nous aurons bientôt l'occasion de louer les idées pratiques et le bon sens administratif de l'auteur.

DES PLUS RÉCENTS TRAVAUX SUR LA QUESTION

avait cru remarquer dans certaines localités que des filles-mères, après avoir délaissé leur nouveau-né dans le tour, cherchaient, par un sentiment bien naturel, à suivre la piste de cet enfant chez la nourrice entre les bras de laquelle l'administration l'avait remis. Quelques-unes, encore à demi mères, surveillaient ainsi de l'œil et du cœur le fruit de leur malheureuse grossesse. L'administration crut voir dans cet exercice clandestin des droits de la nature un abus qu'il fallait réprimer. Le moyen qu'on inventa pour déjouer cette pieuse fraude n'était pas heureux il consistait à transporter les enfants placés en nourrice d'un département dans un autre. Le déplacement (c'est le nom qui fut donné à cette mesure) eut quelques heureux résultats, si l'on n'envisage ici que la question financière. Certaines mères froissées dans leurs sentiments les plus tendres, et voyant tout à coup leur sollicitude déroutée, se décidèrent à retirer leur enfant. L'hospice bénéficia ainsi d'une diminution dans ses dépenses. Ces minces avantages matériels ne sont-ils point balancés par d'autres inconvénients moraux ? Nous voulons croire que les transports ont été effectués avec tous les ménagements convenables ; on a choisi le moment de la belle saison ; on n'a déplacé que les enfants valides, dont l'allaitement était terminé depuis six semaines au moins. Tout cela est fort bien pour prévenir les accidents mortels ; mais a-t-on aussi ménagé le cœur des nourrices et l'avenir des enfants ? L'état ne doit pas calculer uniquement dans les secours aux enfants trouvés les soins qui conservent l'existence : un enfant ne vit pas seulement de lait : il lui faut en outre de la tendresse, des affections qui veillent autour de son berceau. Le déplacement détruit tout cela. Un lien commençait à se former entre ces enfants délaissés par leurs véritables parents et la famille adoptive que l'état leur a donnée : ce lien moral, le seul qui puisse exister pour eux, vous le brisez. Les premières nourrices avaient appris à aimer leur nourrisson ; ce nourrisson était presque devenu pour elles un enfant : on le leur enlève. Et cet enfant déplacé, où va-t-il ? Exilé si jeune sur la terre, il voit changer déjà au-dessus de sa tête le ciel qui l'a vu naître et grandir. Nous savons bien qu'une autre nourrice, un autre toit va le recevoir ; mais on ne transporte pas ses affections comme son domicile. Cet enfant s'était fait une famille, il commençait à tenir par des attaches mystérieuses au sein qui lui versait sa nourriture, et

Alphonse Esquiros

vous le jetez entre les mains d'une femme inconnue, pour laquelle il n'est plus qu'un étranger. Combien faudra-t-il de temps pour que ce tendre arbrisseau, transplanté dans une nouvelle terre, reprenne racine ? L'amour naît d'un regard, d'un souffle, d'un mouvement de la nature : il n'en est pas de même de l'attachement.

Le système des échanges est fatal aux enfants : il est quelquefois inutile pour dérouter les recherches des mères. Plus d'une a en effet réussi à suivre, malgré la distance, les traces qu'on voulait leur dérober. De l'avis même des partisans du système, les déplacements, pour atteindre le but qu'on se propose, auraient besoin d'être souvent renouvelés. Or, nous ne craignons pas de le dire, le déplacement souvent reproduit serait une mesure inhumaine, qui punirait les enfants pour des fraudes dont ils seraient les innocentes victimes. Des hommes graves, des économistes de bonne foi, des médecins, qu'avait d'abord séduits l'idée de dépayser les nourrissons, ont renoncé à cette idée, après avoir été témoins des scènes douloureuses qui accompagnent un pareil acte administratif, après avoir vu des nourrices, des vieillards fondre en larmes, en se séparant des petits enfants qu'ils s'étaient accoutumés à regarder comme les leurs. Des femmes les serreraient entre leurs bras pour les défendre contre les atteintes de l'autorité. On eût dit un second massacre des innocents. Quelques pauvres familles refusaient même absolument de rendre ces enfants adoptifs, et aimaient mieux partager avec eux leur pain noir que de les voir s'en aller. Qu'a produit le déplacement en échange de tant de larmes ? Une économie de deux ou trois millions !

L'administration s'est autorisée de l'accroissement des enfants trouvés pour essayer une autre mesure encore plus grave : nous voulons parler de la fermeture des tours. Cet accroissement est sans doute un fait alarmant et capital, mais il y aurait de l'injustice à le mettre tout entier sur le compte de nos institutions de bienfaisance. L'augmentation du nombre des enfants trouvés paraît tenir à deux autres causes : le mouvement de la population, et les soins apportés dans le régime des établissements où l'état exerce les devoirs de la maternité. Ce n'est pas tant le nombre des naissances inconnues et délaissées qui augmente, c'est la mortalité qui diminue. Il n'y a guère plus d'enfants exposés qu'autrefois ; il y a dans nos asiles publics beaucoup plus d'enfants conservés. Il est vrai que pour l'administration le résultat est le même : la charge de l'hospice s'accroît aussi bien des conquêtes de la science que du désordre des mœurs. Aussi voyons-nous l'économie publique s'épouvanter de ces soins charitables et vouloir y mettre un terme ou du moins une mesure. Intéressée à méconnaître ce qu'a de consolant pour l'humanité l'élévation progressive du chiffre des enfants sauvés d'une mort presque certaine par la généreuse assistance de nos hospices, elle n'a voulu voir dans la liberté du tour qu'un encouragement à l'oisiveté, au libertinage, au mépris des devoirs de la nature. Un des freins que la nature à mis au libertinage des femmes, disent les adversaires du tour, c'est la crainte d'avoir des enfants : leur apprendre à braver un tel péril, c'est renverser la digue qui retient chez la plupart d'entre elles tous les penchants vicieux. A vrai dire, nous ne croyons pas que la suppression des tours diminuerait beaucoup le nombre des naissances illégitimes : la faiblesse ou le vice ne prévoient pas. L'amour est, comme tout le monde sait, une force aveugle qui ne calcule même pas avec la mort. Ce n'est pas l'oubli de la pudeur, c'est tout au plus l'oubli de la maternité que le tour encourage. Ici encore les plaintes ont été excessives : on a accusé cette institution nouvelle[1] d'être une provocation indirecte au délaissement, un appel muet à l'indifférence des mères, un tronc ouvert à l'immoralité publique. On a été jusqu'à dire que la liberté du tour menaçait la famille, et que la famille ne résisterait pas long-temps à une si rude et si constante épreuve. L'influence de ces craintes exagérées se trahit dans les nouvelles mesures que vient de prendre l'administration.

Quelques départements ont substitué au tour l'admission à bureau ouvert. Le dépôt du nouveau-né s'y fait sans mystère, dans un bureau de l'hospice, par un étranger qui donne son nom et celui de la mère. Le nom et le domicile de cette femme sont inscrits sur un registre. Si l'ancien système avait ses défauts, le nouveau présente aussi des inconvénients. Le mystère du tour favorisait sans doute quelques abus : la réception banale et clandestine offrait aux mères qui voulaient se débarrasser de leurs enfants une facilité dangereuse ; mais cette clandestinité même avait aussi quelques avantages moraux. L'exposition du tour était du moins une œuvre

---

1 Les tours n'étaient pas connus au temps de saint Vincent de Paule ; ils étaient même peu communs en France pendant les premières années du XIXe siècle.

Alphonse Esquiros

nocturne, furtive, inaperçue, une œuvre qui fuyait la lumière ; on en a fait par la nouvelle mesure une œuvre avouée, régulière, qui ose se déclarer elle-même aux fonctionnaires publics. Le tour tolérait l'abandon du nouveau-né : l'admission à bureau ouvert l'autorise. Il était bon qu'on se cachât pour manquer aux devoirs de la nature ; il était moral d'épargner la rougeur des mères. Qu'arrivera-t-il ? La malheureuse que vous mettez dans la nécessité de confesser sa faute s'en excusera sur les circonstances qui l'ont amenée à faillir ; elle appuiera sur son état de misère le refus d'élever son enfant ; elle cherchera, en un mot, à s'absoudre elle-même en accusant la société. Quelle a été la pensée de l'administration ? Elle a compté sur l'effet de cette mesure pour intimider l'amour-propre et le respect humain : elle s'est dit qu'un grand nombre de mères reculeraient devant l'obligation de se faire connaître à un employé. Nous ne contestons pas que la nécessité de se découvrir n'ait arrêté en chemin des femmes qui avaient gardé quelque pudeur ; mais dès-lors le but de l'institution est manqué. Vous écartez la faiblesse honteuse et timide ; vous n'écartez pas le vice endurci qui lève le masque et qui ose dire son nom. Abolir le mystère des réceptions, dépouiller l'exposition du secret dont le législateur avait cru prudent de l'entourer, c'est une tentative qui aggrave le principe du mal au lieu de le détruire. Il y a des délits tellement contraires à la nature, que l'administration doit paraître les ignorer ; il y a des secours qui tombent sur des besoins si délicats, qu'elle ne doit point intervenir directement dans la distribution de ces secours. La providence de l'état doit être vis-à-vis des enfants trouvés comme la providence divine, qui cache sa main.

L'administration a prétendu en outre se réserver par l'admission à bureau ouvert un droit d'examen sur les expositions. Ce droit s'est exercé et même assez sévèrement dans quelques provinces. Le résultat d'une telle information a été le refus d'un grand nombre de nouveau-nés à la porte de l'hospice, et le refoulement de ces nouveau-nés dans les bras de leur mère. Nous ne doutons pas que dans les provinces, où il est plus facile à l'administration d'exercer son contrôle vis-à-vis des habitants, les motifs d'exclusion n'aient été fondés sur un examen sincère des moyens d'existence. En voilà assez peut-être pour justifier les auteurs de l'enquête ; mais les nouveau-nés rendus de vive force à leurs mères, comment sont-ils reçus, comment sont-ils traités ? Il a souvent fallu que le maire ou le préfet, suivi d'autres officiers publics, se rendît au domicile des femmes qui venaient d'accoucher pour leur faire reprendre leur enfant. Rien ne manquait à de telles scènes de contrainte et de violence. Comment ne pas trembler ensuite pour le sort d'un être frêle et sans défense ainsi imposé de vive force aux soins de celle qui lui a donné le jour ? Cette femme cède à la crainte, à la nécessité : elle se vengera. L'autorité, dit-on, a les yeux sur elle, mais l'autorité ne voit pas tout. A peine l'action des officiers publics s'est-elle éloignée, que l'enfant est exposé de nouveau sur un grand chemin ; ou, si la mère le garde, c'est pour lui faire sentir sa colère. En fermant brusquement la voie des tours, on multiplie le nombre de ces petits martyrs domestiques, pour lesquels le toit maternel est un enfer et l'existence une mort mille fois répétée. C'est pour fuir les mauvais traitements de la femme chargée malgré elle de remplir les devoirs de la nature, qu'un grand nombre de jeunes garçons et de jeunes filles s'échappent, et vont se jeter chaque jour dans le vice, dans la misère ou dans le vagabondage. La loi ne crée pas des sentiments ; elle peut bien obliger les femmes à garder leurs enfants, elle ne saurait faire des mères. Il lui faudrait pour cela une puissance dont Dieu seul a le secret. Or, quand le cœur manque aux mères, l'hospice, malgré tous ses maux et ses dangers, vaut encore mieux pour les enfants que la maison maternelle.

La clôture des tours n'était qu'un premier pas dans une voie plus rigoureuse encore, un acheminement vers la suppression des hospices d'enfants trouvés. O Vincent de Paule, ton œuvre fut battue en brèche de tous côtés, les établissements que créa ta main charitable passèrent pour des fléaux du genre humain ! Au nom de Malthus, on t'accusa d'avoir décimé la population ! Une science inconnue de ton temps, la statistique, établit qu'en contribuant à augmenter le nombre des enfants trouvés, les hospices dont tu fus le fondateur avaient étendu les lois d'une mortalité sauvage sur une plus forte masse d'individus. Ta charité, ô malheureux apôtre, avait donc été en définitive une vertu nuisible et meurtrière ! Nous négligerons ces attaques. Il n'est pas vrai que les établissements d'enfants trouvés aient versé sur la société tous les maux qu'on leur reproche. Ces asiles publics ont répondu aux besoins des deux derniers siècles. Il y avait de malheureux enfants jetés sur le pavé de la rue : un bon prêtre sentit le besoin de les ramasser dans un pan de sa robe ; la charité chrétienne en eût fait autant à sa place. De tels établissements sont-ils devenus inutiles de notre temps par le progrès des mœurs ? Non, puisque les mêmes maux et les mêmes besoins existent. Il y a encore des petits enfants privés de mère. Que deviendraient sans les hospices le plus grand nombre de ces enfants nouveau-nés qu'on expose chaque jour ? Ils mourraient. Ce seul mot tranche pour nous la question et donne raison à Vincent de Paule contre Malthus. Il est vrai que l'administration ne se montre point si aisément convaincue : que nous dit-elle ? Beaucoup de mères qui n'auraient point abandonné leur enfant, si elles avaient cru l'exposer à la mort, se décident à cet acte contre nature, quand elles savent que leur enfant sera recueilli. Sans doute les hospices admettent quelques abus, mais mieux valent dix abus qu'un crime. Est-il d'ailleurs bien moral de suspendre un pareil glaive au-dessus de la résolution d'une pauvre mère, pour la forcer à remplir son devoir ? Il peut s'en trouver une que le danger de mort de son enfant n'arrête pas. Nous croyons qu'il y aurait de la barbarie à calculer les chances qui suffisent exactement à sauver les nouveau-nés de la destruction, car il peut arriver qu'une chance sur cent vienne à manquer, et l'on ne peut jouer sans une légèreté criminelle avec la vie que Dieu a mise dans ces enfants.

De tels calculs ont pourtant été faits. Il s'est rencontré des lumières complaisantes pour mettre la science au service des théories administratives. Il s'agissait de prouver que le nombre des infanticides et des autres crimes contre les naissances n'avait point augmenté dans les départements où les nouvelles mesures avaient été appliquées. M. Remacle a dirigé vers cet objet des recherches fort savantes à coup sûr ; ces recherches ont néanmoins l'inconvénient de toutes les statistiques, où l'opinion de l'homme n'a pas été faite sur les chiffres, mais où les chiffres ont été faits sur une opinion arrêtée d'avance. Les calculs arithmétiques donnent presque toujours en pareil cas la réponse qu'on souhaite. Le bon sens et la conscience ont aussi leurs révélations, si la statistique a les siennes. Or, une voix intérieure nous dit qu'on ne retire pas subitement sans danger la main tutélaire étendue depuis de longues années sur les expositions. Quoi ! le libertinage, le vice, la misère, trouvent tout à coup la voie du tour fermée, et vous voulez

DES PLUS RÉCENTS TRAVAUX SUR LA QUESTION

que la pensée de l'abandon, irritée par cet obstacle, ne cherche pas d'autres moyens pour se satisfaire ! On aurait beau grouper des chiffres autour d'une telle affirmation, qu'on ne les croirait pas. Sans doute les tours n'exercent pas une influence absolue sur les infanticides ; c'est dans le cœur de la mère bien plus encore que dans les institutions de bienfaisance qu'il faudrait mettre des garanties contre un pareil crime. La mère qui expose tuera néanmoins une autre fois si les circonstances le lui conseillent, et si l'état refuse de se charger du fruit de sa grossesse. Quand la France ne ferait par l'existence des tours qu'enlever toute excuse à un acte monstrueux et révoltant, elle remplirait encore le devoir de toute société vigilante, qui est d'éloigner de ses membres les tentations et les dangers de chute. Il y a d'ailleurs un autre crime plus caché que l'infanticide, plus insaisissable, plus rebelle à la statistique ; ce crime, puisqu'il faut le nommer par son nom, c'est l'avortement. Or, les tentatives d'avortement se multiplient. Les aveux même de l'administration ne nous laissent aucun doute à cet égard.[1] Qu'on accuse les progrès de la science de servir trop bien les désirs coupables de certaines femmes, toujours est-il que le fait existe, et que ce fait est alarmant. Il se rencontre, nous le savons, des mères qui, malgré la présence des tours, ont recours à l'avortement pour s'éviter les ennuis et les incommodités d'une grossesse féconde ; mais le nombre de ces mères augmentera, quand à de tels motifs, basés sur un vil et immoral égoïsme, s'ajoutera pour elles l'obligation de garder leur enfant. On a dit, pour démontrer l'impuissance des tours, que l'infanticide était le plus souvent un acte de délire. Il n'en est pas de même de l'avortement. Ce dernier crime se commet souvent de sang-froid ; il est volontaire, réfléchi, prémédité. La femme qui s'y livre, quoique entraînée par de perfides conseils, a eu le temps de calculer les chances de sa situation et les motifs de cet acte. Il y aurait donc de l'entêtement à soutenir que le plus ou moins d'obstacles apportés à l'abandon des enfants nouveau-nés

---

1 A Paris, le nombre des nouveau-nés et des fœtus reçus à la Morgue présente, pour les années 1834, 1835 et 1836, une moyenne annuelle de 19 ; pour 1837 et 1838, la moyenne a été de 39 par an ; la moyenne pour les six années de 1839 à 1844 a été de 61. Ces chiffres sont encore très éloignés de nous donner une idée exacte des crimes qui se commettent. Toutes les statistiques officielles ne révèlent jamais, en matière d'avortement et d'infanticide, que le mal connu, patent, constaté ; elles ne peuvent dévoiler la plaie latente.

Alphonse Esquiros

n'exercera aucune influence sur l'extinction de ces enfants dans le ventre de leur mère.

Les départements étaient déjà engagés dans la voie des épreuves et des tentatives, que la ville de Paris hésitait encore. Une expérience avait été faite néanmoins durant les deux derniers mois de l'année 1837 et les deux premiers mois de 1838. Cette expérience fut courte : le résultat n'en fut pas heureux. On avait fait garder le tour durant la nuit par deux sergents de ville : les expositeurs, trouvant l'entrée de l'hospice fermée ou du moins contrariée, ne se déconcertèrent nullement. On déposa les enfants çà et là aux environs de la maison de la Maternité. Des accidents survinrent, et la mesure fut retirée. Aujourd'hui le conseil des hospices demande au conseil-général de la Seine le rétablissement du système essayé en 1837 pour la réception des enfants dans l'hospice. Un projet de règlement est voté. On n'a pas osé détruire le tour de Paris. L'administration a inventé un moyen mixte, qui, tout en respectant l'existence matérielle de ce cylindre de bois, en rend l'usage illusoire. Des agents de l'hospice auront les yeux sur le tour : chaque déposant qui aura le courage d'affronter la présence de ces agents sera interrogé sur l'origine du nouveau-né, sur la mère qui lui a confié la mission de l'apporter, et sur les motifs de cet abandon. On voit jusqu'où peut remonter une telle enquête. Cette invention du tour surveillé ne nous semble pas heureuse : elle enlève à l'institution son caractère. Quelle a été la pensée du fondateur ? C'est de couvrir d'un voile impénétrable l'acte d'abandon du nouveau-né. Du moment que vous ôtez ce voile, vous ôtez le tour. Ce que nous avons dit de l'admission à bureau ouvert retrouve ici son application. La nécessité de fuir la lumière et les regards agit plus qu'on ne le croit sur les natures timorées. Voici, à ce propos, un fait que nous pouvons garantir. Une fille-mère, réduite à l'isolement et à la misère la plus affreuse, était sur le point de perdre son enfant après s'être perdue elle-même. Une nuit, elle s'engage d'un pas tremblant dans cette longue et tortueuse rue d'Enfer, toute pleine de ténèbres. Elle arrive devant l'hospice. Sa conscience troublée donne une voix au moindre bruit du vent, au moindre mouvement des feuilles. Pleine d'hésitation et de crainte, elle se traîne jusqu'au cylindre fatal. La lune est au-dessus de sa tête. A cette pâle clarté, elle voit son enfant ; elle le regarde

DES PLUS RÉCENTS TRAVAUX SUR LA QUESTION

avec un déchirement de cœur ; elle l'embrasse une dernière fois, elle l'embrasse encore, et elle pleure. Alors un bruit de voiture se fait entendre derrière elle : ce bruit augmente sa frayeur ; elle se retire. Le danger s'éloigne : la voix de la nature la détourne de son coupable dessein. Quoi qu'il doive lui en coûter, elle élèvera son enfant. Cette mère a tenu sa résolution, et elle serait désespérée aujourd'hui d'avoir manqué à ses devoirs, car son enfant est sa consolation, son soutien ; son enfant la nourrit. Dira-t-on que les représentations des fonctionnaires de l'hospice auraient déterminé le même changement ? Nous ne savons : le tour avec son silence éloquent, sa solitude, ses terreurs nocturnes, parlait peut-être mieux que la voix des hommes à certaines consciences délicates. Supposons d'ailleurs que le même effet heureux eût été produit par les conseils de l'administration, l'idée d'abandon, qui est restée un secret entre cette femme et Dieu, un secret à jamais ignoré de son enfant, cette idée serait devenue par le fait de l'admission à bureau ouvert un secret public. Tout est là.

Cette recherche de la maternité, mesure tracassière et inquisitoriale, s'il en fut, atteindra-t-elle le but qu'on se propose ? L'administration veut arriver par ce moyen à dévoiler les crimes que les naissances et les expositions clandestines peuvent couvrir. L'intention est bonne, mais il y aurait de la naïveté à croire que les expositions entachées de forfaiture viendront s'offrir d'elles-mêmes à la lumière d'une enquête. On aura recours, en pareils cas, à d'autres moyens qui compromettront l'existence des enfants. Un des moindres dangers à craindre est celui des expositions sur la voie publique. Cet abus persiste malgré l'existence des tours. Le chiffre moyen des enfants exposés dans les rues de Paris, de 1838 à 1844, est de 29 par année. Le nombre de ces enfants augmentera. On sait comment doivent s'expliquer de telles expositions dans l'état actuel des choses. Des sages-femmes, pour en avoir plus tôt fait, déposent quelquefois l'enfant qui leur a été commis dans une allée ou même au milieu de la rue. Des filles isolées, venues à Paris pour cacher leur faute, ignorent le chemin de l'hospice et n'osent pas le demander, craignant qu'on ne lise leur secret sur leur figure, dans leur maintien embarrassé ou dans le son tremblant de leur voix : elles se décident alors par honte et par timidité à abandonner la nuit leur enfant dans un endroit désert. La fermeture des tours

Alphonse Esquiros

ne détruira pas ces causes d'exposition sur la voie publique, elle en créera d'autres qui n'existent point à cette heure. La preuve que l'administration pressent elle-même le danger, c'est qu'elle n'a pas osé appliquer les nouvelles mesures durant l'hiver de 1846 ; elle attend le retour de la belle saison. Dieu veuille que la surveillance des tours n'amène point sur la tête des mères et des nouveau-nés d'autres maux plus graves encore ! Dieu veuille qu'on ne remplace pas l'hospice des Enfants-Trouvés par la cour d'assises [1] ! L'État disait autrefois avec le Christ : Laissez venir à moi les petits enfants ! Il se réserve maintenant de laisser venir à lui ceux qu'il voudra et de repousser les autres. Une telle limite arbitraire, un tel choix, mis à la place d'une institution libérale, où tous étaient appelés, où tous étaient élus, est bien fait pour soulever quelques terreurs, quand on songe que ces enfants exclus seront peut-être repoussés dans la souffrance ou dans la mort. Que nous dit l'administration pour nous rassurer ? — Les hospices augmentent le nombre des victimes au lieu de le diminuer, car la mortalité des enfants trouvés est telle que l'abandon d'un nouveau-né dans le tour est un infanticide indirect. — On voit d'ici quelle grave responsabilité un tel aveu fait peser sur les hommes qui dirigent ces établissements. Quelle consolation en outre que celle qui consiste à remplacer un danger de mort par un autre, et à mettre, pour ainsi dire, la conscience entre deux glaives !

Tout n'est pas blâmable cependant, il faut le reconnaître, dans les vues de l'administration des hospices. Il faut tenir compte aussi de sa position difficile. Depuis quelques années, la ville de Paris se plaint

---

1 Le projet de réforme, dicté par un intérêt tout fiscal et admis à la hâte, était de nature à soulever des craintes sérieuses. L'administration des hospices, prévoyant l'effet de ces craintes, a entrepris de calmer l'opinion et la conscience des nommes éclairés qui avaient adopté, sur sa demande, une mesure si grave. Il faut bien le dire, cette administration met du secret partout, même dans sa publicité. Une brochure où sont démenties les accusations qu'une voix éloquente venait de faire entendre devant le conseil-général de Saône-et-Loire n'a été distribuée qu'en très petit nombre. M. de Lamartine avait prononcé en faveur des tours un plaidoyer généreux, mais chargé, par malheur, de faits inexacts. Ce sont ces faits que M. Boicerboise, administrateur des Enfants-Trouvés, a voulu combattre. Ce démenti timide une fois donné, on crut avoir répondu. Nous ne suivrons pas le conseil des hospices dans le demi-jour de cette discussion : un fait domine seul tout le nouveau système ; ce fait, c'est le droit de contrôle substitué au libre exercice des expositions.

DES PLUS RÉCENTS TRAVAUX SUR LA QUESTION

de ce que les quatorze départements voisins, qui ont fermé leurs tours, font refluer sur elle un nombre considérable d'expositions étrangères. L'inconvénient est grave : il accuse le besoin d'une juridiction uniforme pour le service des enfants trouvés dans tout le royaume. Il est sans doute pénible de voir l'humanité de certains départements qui ont conservé l'usage des tours punie et imposée par d'autres départements plus économes qui l'ont aboli. Cet état de choses fâcheux ne démontre-t-il pas d'un autre côté que les tours sont encore nécessaires, puisque les expositions, trouvant la voie fermée sur un point, se répandent ailleurs, et vont même quelquefois chercher l'entrée libre d'un hospice à une grande distance ? L'anéantissement de ces institutions muettes et charitables n'a guère abouti jusqu'à ce jour qu'à déplacer le mal. Malgré cet enseignement des faits, l'administration des hospices de la ville de Paris s'est laissé entraîner dans la voie des tentatives par le mouvement des provinces. Nous résumerons en deux mots notre jugement sur ces essais. Le déplacement est une mesure violente ; l'échange compromet le peu d'existence civile qui reste aux enfants trouvés.[1] La fermeture des tours, à Paris surtout, est une expérience téméraire qui peut amener de grands malheurs. On sème l'économie ; on récoltera le crime. L'administration avoue elle-même qu'elle va agir sur l'inconnu, mais elle veut agir. Nous avons bien le droit de trembler sur le résultat, quand on songe que de telles expériences administratives ont pour matière ce qu'il y a de plus faible, de plus innocent, de plus digne d'intérêt, l'enfant qui vient de naître.

III – PROJET DE REFORME : LES SECOURS A DOMICILE – LES CRECHES

Si nous blâmons le caractère étroit et coercitif des nouvelles mesures, s'ensuit-il que nous réclamions le maintien de l'ancien système ? Non en vérité. Le tour est loin de répondre à tous les besoins. Nous venons de combattre les adversaires de cette institution, qui veulent la détruire subitement ; nous devons combattre aussi les partisans exclusifs des tours, qui veulent les

1 Le déplacement n'a jamais eu lieu pour les enfants de l'hospice de Paris, qui se trouvent dispersés en nourrice sur presque toute l'étendue du royaume.

Alphonse Esquiros

maintenir contre le progrès des idées. « Ingénieuse invention de la charité, s'écrie M. de Lamartine, qui a des mains pour recevoir et qui n'a point d'yeux pour révéler ! » Nous ne voulons pas, pour notre compte, d'une charité aveugle. Laissons à cette vertu chrétienne son cœur, ses entrailles de mère, mais enlevons-lui son bandeau. Nous avons besoin à l'avenir d'une charité qui raisonne et qui aime. Ce n'est plus seulement à réparer le mal causé par les expositions, c'est à le prévenir qu'il faut maintenant travailler.

Pour certains moralistes, le tour doit être conservé comme un châtiment. On se montre enchanté de la douleur qui accompagne chez la jeune fille séduite l'abandon de son nouveau-né. A nos yeux, ce supplice est injuste en ce qu'il frappe deux victimes, là où il n'y a qu'une seule volonté coupable. La femme a péché, soit ; mais a-t-il péché, ce pauvre enfant qui tend ses petits bras à la vie ? Ce sont d'ailleurs les moins criminelles qui souffrent le plus d'un pareil sacrifice. Le tour ne punit donc en définitive que l'innocence ou le remords. Est-il vrai encore que cette institution conserve la honte nécessaire aux bonnes mœurs ? « Chez nous, on sait encore rougir ! » s'écrie l'abbé Gaillard, émerveillé de ce résultat dont il fait honneur à l'existence des tours. — Chez nous aussi, on sait exposer et tuer au besoin le fruit de ses entrailles : nous aimerions mieux moins de rougeur et plus d'humanité. Écartons cette odieuse doctrine qui tend à faire d'une première faute une nécessité pour la femme de renoncer aux devoirs de la nature. La morale chrétienne, toute de tolérance et de pardon, ne peut exiger une telle immolation du cœur. Il est urgent de faire comprendre à ces filles trompées que la faute n'est pas dans la naissance de leur enfant, et que, si cette faute peut être rachetée devant l'opinion, c'est surtout par l'accomplissement des devoirs de mère. Faire de l'exercice de ces devoirs un commencement de réhabilitation pour les filles déchues, c'est leur ouvrir une source nouvelle d'innocence retrouvée, bien préférable, selon nous, à ce repentir stérile qui entraîne parfois l'enfant à l'hospice et la mère au fond d'un cloître. En rattachant la femme au sentiment de la maternité, on la rattache au sentiment de la vertu : Dieu a mis le germe du pardon dans la faute. Beaucoup de filles-mères que l'abandon de leur enfant délivre d'un frein, d'une occupation morale, auraient arrêté le cours de leurs désordres si elles avaient eu la présence de cet enfant pour les retenir, si un amour nouveau avait remplacé dans leur cœur celui qui les égare. On oppose à cette vérité des exceptions ; sans doute il y a quelques femmes perdues qui gardent auprès d'elles leur très jeune fille pour lui faire suivre la trace de leurs dérèglements. Il ne faut pas s'arrêter à ces exemples, Dieu merci, assez rares. En général, ces mères étourdies qui savent ce qu'on souffre dans le vice cherchent à éviter à l'être qui leur doit la vie la même expérience et les mêmes égarements. Les enfants sont les anges gardiens de la vertu régénérée des filles-mères. Comptez-vous d'ailleurs pour rien d'épargner à ces malheureuses le remords d'une lâche action ? L'exposition, qui est un délit devant la loi, est un crime devant la nature. De quoi rougiront-elles si elles ne rougissent pas de cela ? Il est temps d'établir sur les ruines du tour ce principe dicté par la plus simple morale une fille qui devient mère n'est pas moins obligée de nourrir son enfant qu'une femme mariée ; elle peut seulement réclamer le soutien de la charité publique pour l'aider dans cette tâche difficile. Au-dessus de la famille, il existe dans les sociétés modernes une paternité inconnue des anciens, la paternité de l'état. A Dieu ne plaise que nous voulions abolir cette paternité, d'autant plus sublime qu'elle tient moins aux liens du sang ! nous voudrions seulement qu'elle se dissimulât toujours derrière les parents naturels du nouveau-né. La société doit nourrir, en cas d'indigence, l'enfant dans sa mère.

Les partisans du tour applaudissent encore au caractère de cette institution, qui permet à la mère de retrouver son enfant : soit, nous nous réjouissons avec eux de ce résultat, mais nous désirerions quelque chose de mieux ; nous voudrions qu'elle ne le perdît jamais. Oui, nous voudrions que l'enfant ne quittât jamais ce sein destiné à le nourrir, ces bras faits pour le porter, cette maison qui est la sienne par le droit de la naissance. Sans doute, il est bon que l'enfant rentre après deux ou trois ans dans sa famille : nous avons été nous-même témoin de scènes touchantes dans cet instant solennel où la nature reprenait ses droits ; il faut cependant le dire, cette séparation, si courte qu'elle soit, laisse une trace dans le cœur des victimes. Nous nous plaisons à croire que la mère se montrera désormais tendre, attachée à ses devoirs ; elle aimera peut-être plus son enfant que si elle ne l'eût jamais quitté ; elle a des torts si graves à réparer envers lui ! Mais l'enfant oubliera-t-il

Alphonse Esquiros

jamais l'outrage qui a frappé sa naissance ? De quel œil verra-t-il ce sein qui l'a repoussé ? comment prendra-t-il des entrailles filiales pour celle qui l'a une fois renié ? L'expérience nous apprend que ces enfants réclamés ont rarement fait la joie de leur mère.

Le droit d'exposition que le tour sanctionne, du moins par son silence, c'est le droit de vie et de mort morale, car le père ou la mère qui délaisse un nouveau-né dans le tour lui fait perdre son état civil ; c'est le droit de vie et de mort matérielle, car bien peu d'enfants reviennent de cette cruelle expérience. Sans doute, le mouvement de mortalité qui enlevait autrefois les enfants trouvés en masse s'est un peu calmé dans ces derniers temps : il faut pourtant bien le dire, cette mortalité est toujours effroyable. Elle dépasse de deux tiers au moins la perte des nouveau-nés dans les classes les plus pauvres.[1] Il résulte de cette cruelle expérience qu'une mère qui éloigne d'elle son nouveau-né l'envoie à une mort probable. On se demande avec effroi à quoi servent alors tant de sacrifices qu'une aveugle humanité impose au trésor public. Avec la moitié de la somme (11 ou 12 millions) que dépense l'état en France pour l'entretien des enfants trouvés dans les hospices, il rendrait au moins les trois quarts de ces enfants à leurs mères.

1 Laissons parler les chiffres : en réunissant la mortalité de l'hospice à celle de la campagne, on découvre que 66 enfants trouvés sur 100 sont frappés de mort dans la première année de la vie. La mortalité des nouveau-nés conservés par leur mère ne présente, dans le même espace de temps, que 19 décès sur 100 enfants. Un tel résultat ne doit pas nous surprendre : l'enfant que l'hospice envoie en nourrice à la campagne retrouve une famille sans doute, mais c'est une famille artificielle, un lait étranger, des soins mercenaires, une tendresse plutôt acquise que naturelle et spontanée. Encore présentons-nous le beau côté du tableau : plusieurs de ces enfants mis en pension dans des familles agricoles sont traités en esclaves par le maître nourricier ; un calcul sordide règle la quantité de leurs aliments et la nature de leurs travaux. Il existe des inspecteurs, mais bien des abus échappent à leur surveillance. Comment les enfants abandonnés qu'une administration place entre des mains étrangères ne souffriraient-ils point de l'absence des soins maternels, puisque les enfants mis en nourrice par leurs parents courent déjà de grands dangers ? M. Benoiston de Châteauneuf a comparé la mortalité de la campagne avec celle des enfants élevés à Paris, et il a trouvé le résultat suivant : sur 100 enfants nourris par leur mère, il en meurt 18 la première année ; sur le même nombre mis en nourrice, il en périt 29. Cette mortalité augmente pour les enfants du peuple en raison de l'éloignement des nourrices, de leur manque de soins et de leur état de pauvreté. M. Marbeau a dévoilé aussi, dans un récent mémoire à l'Académie des sciences morales, plusieurs fraudes commises par les femmes de la campagne, qui font métier de vendre leur lait et leurs soins à des enfants de la ville.

DES PLUS RÉCENTS TRAVAUX SUR LA QUESTION

Voilà bien assez de motifs pour remplacer un système de séparation et d'isolement par un système opposé. Vincent de Paule, Napoléon, vous tous, prêtres, moralistes, législateurs, qui avez voulu combattre le fléau des expositions, vous avez songé à l'enfant ; mais avez-vous songé à la mère ? Tout système qui n'embrasse pas l'un et l'autre dans sa prévoyance est à nos yeux un système incomplet, transitoire, inefficace. Comment séparer ce que la nature a si étroitement uni ? Il est affreux qu'une mère perde son enfant ; il est affreux qu'un enfant perde sa mère. L'état doit intervenir dans un tel sacrifice et descendre au secours de la femme avant qu'elle ait renoncé à ses devoirs. Le tour vient bien en aide aux naissances occultes ou malheureuses, mais il vient trop tard ; le tour ne soulage qu'à la condition de briser des liens, précieux. Il dit à la mère pauvre et abattue : Si tu ne veux pas le voir expirer dans tes bras, donne-moi ton enfant ! Le tour, c'est la séparation ou la mort. Cette institution n'est donc point définitive ; seulement il faut la remplacer avec toute sorte de ménagements. La société actuelle est chrétienne par le cœur, philosophe par la tête ; elle doit imprimer ce double caractère au système de secours qu'elle médite pour les enfants trouvés. Conservons le tour encore quelque temps, puisque le tour est après tout une garantie d'existence pour les nouveau-nés ; mais cherchons à lui substituer des garanties meilleures, en réveillant dans le cœur de la femme le sentiment de la maternité.

Il faut remonter aux temps les plus orageux de la révolution pour trouver le germe de l'idée féconde qui doit, selon nous, transformer le service des enfants trouvés. Une loi du 28 juin 1793 offrait des secours aux mères, pour arrêter celles que la misère portait à exposer leurs enfants. Le législateur avait en vue d'encourager ainsi l'amour maternel et de faire tourner cet amour au profit du nouveau-né. L'état se montra prodigue de secours. Toute fille qui déclarait sa grossesse devait recevoir une pension alimentaire qui pouvait s'élever jusqu'à 120 francs. Cette mesure eut d'heureux résultats. Les expositions diminuèrent vers la fin de la révolution, non pas que les naissances naturelles fussent moins nombreuses, mais parce que les filles-mères se décidaient plus aisément à garder leur enfant. Nous devons tenir compte sans doute des circonstances uniques dans l'histoire au milieu desquelles se trouvait placée la

Alphonse Esquiros

France. La nécessité de faire appel aux forces vives du pays, pour maintenir la défense du territoire, a bien pu amener quelque exagération dans le tarif des secours qu'on accordait aux filles-mères. Cette mesure, isolée des circonstances fatales qui l'ont vue naître, nous indique pourtant la trace de la meilleure voie à suivre pour arriver à la fermeture des tours et même des hospices. Il faut effacer, dans les temps calmes où nous sommes, l'idée de récompense qu'un régime militaire avait attachée à la grossesse des filles ; mais il faut conserver l'idée d'indemnité qui seule peut combattre chez elles les funestes inspirations de l'indigence. Un tel système est économique, il est moral.

Nous ne venons point ouvrir une nouvelle source de dépenses. Il s'agit tout simplement de remplacer à domicile pour la mère les secours que l'on donne aujourd'hui à l'enfant dans l'hospice, il s'agit de payer à la femme qui gardera son nouveau-né les mois de nourrice qu'on paie actuellement à une femme étrangère. L'état recueillera de ce système, par la suite, des avantages certains, car les enfants secourus ne resteront pas à sa charge, comme dans les hospices, jusqu'à l'âge de douze ans. Il est bon néanmoins d'y prendre garde : une économie hâtive ferait avorter les résultats. Dans un département où les bénéfices opérés par la clôture des tours s'élevaient à 153,000 francs, la somme fixée par le conseil-général pour secours aux filles-mères n'a pas dépassé 2,000 francs. Qu'est-il arrivé ? Une de ces malheureuses, hors d'état de payer des mois de nourrice et ne pouvant rien obtenir de la charité étroite du conseil, a assassiné son enfant. A Paris, l'administration vient aussi d'entrer dans la voie des secours ; mais elle y est entrée avec parcimonie. Il est à désirer qu'elle y entre plus largement, si elle tient à tarir la source des expositions. Peut-être sera-t-il même nécessaire, dans les commencements, de dépasser les ressources de l'ancien budget : ce sont des avances qui se retrouveront plus tard. Il faut aller tout d'abord les mains pleines de secours au-devant des besoins, car chacun de ces secours d'argent, c'est peut-être un crime de moins, c'est à coup sûr une vertu de plus dans la société. Jamais aumône ne descendit sur une meilleure terre. N'oublions pas en outre que le nouveau système aura à combattre des habitudes funestes, n'oublions pas qu'il s'agit de désapprendre aux filles-mères le chemin des tours. Une telle œuvre ne peut être le fruit que de nombreux sacrifices. Quand le fatal penchant à l'abandon des enfants sera redressé, quand le torrent impur qui entraîne aujourd'hui tant de nouveau-nés à l'oubli et à la mort aura changé de cours, alors, mais alors seulement, l'état pourra refermer ses mains. Ces sacrifices passagers trouveront d'ailleurs une compensation morale dans les devoirs et dans les sentiments de famille qu'ils feront refleurir. Quelques moralistes se sont effrayés de ces secours, qu'ils regardent comme une prime d'encouragement offerte au libertinage. Dans le sujet délicat qui nous occupe, les nuances sont tout : il ne faut pas encourager les filles à devenir mères ; mais, une fois qu'elles le sont, il faut leur prêter assistance pour leur ôter l'envie d'effacer par un crime les traces de leur faiblesse. Les indemnités que leur servira l'administration ne seront point des motifs pour réitérer une première faute. L'homme qui tend la main à son semblable tombé sur le bord d'un abîme ne l'engage pas pour cela à recommencer sa chute ; il l'aide au contraire à se relever, et lui inspire ainsi l'effroi du danger qu'il a couru.

Nos vues ne sont pas des utopies : un administrateur distingué, M. Curel, préfet du département des Hautes-Alpes, les a mises en pratique, et il a réussi à éteindre dans sa localité le fléau des expositions. Le tour existe encore, mais on ne s'en sert plus ; il est fermé en principe. Objectera-t-on contre un tel résultat que le nouveau système ne s'est guère exercé jusqu'ici que sur une population restreinte et connue ? Sans doute, le département des Hautes-Alpes n'est pas la France, l'action de l'autorité rencontrera plus d'obstacles dans les grandes villes ; mais le cœur des mères est le même partout, et en s'adressant à cette tendresse quelquefois obscurcie, rarement éteinte, en dégageant les bons sentiments de la femme des entraves du besoin, on obtiendra partout des succès consolants. Il faut seulement suivre la marche prudente et ferme que M. Curel s'est tracée. Avant de briser l'institution ancienne, il faut en rendre l'usage inutile. Supprimer les tours, c'est le but, ce n'est pas le moyen. Isolée, la fermeture des tours serait une tentative téméraire, rétrograde, homicide. Le système des secours à domicile est au contraire une mesure sage, utile et morale, qui peut seule fermer le gouffre ouvert dans nos campagnes, et surtout dans nos grandes villes, par l'habitude funeste du délaissement. En attendant ce résultat qu'on entrevoit dans l'avenir, une

Alphonse Esquiros

administration éclairée, qui s'appuiera sur tous les sentiments de la nature, rétrécira de jour en jour la voie des expositions, sans recourir à la contrainte. Le tour n'aura plus besoin alors d'être aboli ; il tombera tôt ou tard de lui-même, quand une fois il sera vide. Ce que M. Curel a tenté avait été essayé ailleurs et n'avait pas réussi ; c'est que la difficulté n'est pas tant dans la nature du secours que dans la manière de le distribuer. L'aumône ne porte son fruit que quand elle est accompagnée d'exhortations et de surveillance. Quoique les moyens de douceur soient de beaucoup préférables dans un tel service, il faut savoir quelquefois s'armer d'une sévérité bienveillante, car il y a des consciences indécises qui ont besoin de se sentir sous le regard de l'autorité pour redresser leurs voies tortueuses. L'accord des pouvoirs et de certaines influences morales est encore nécessaire, comme l'observe M. Cure], pour assurer le succès de cette œuvre délicate. Il ne faut surtout pas négliger dans les campagnes l'assistance du clergé ; le curé peut beaucoup sur l'esprit de ses jeunes brebis égarées, et il ne refusera sans doute pas son concours à l'administration dans une œuvre toute dictée par l'esprit évangélique.

Le secours à domicile combattra la misère, qui est une des causes dominantes d'abandon, mais il n'éloignera pas les mauvais conseils. Toute réforme administrative qui n'aura pas pour auxiliaire une réforme dans l'institution des sages-femmes sera frappée d'impuissance. Là, nous l'avons dit, est la racine du mal. Il conviendrait d'abord de restreindre le nombre des élèves-femmes qui se destinent à la pratique des accouchements, en posant à l'entrée de cette profession des examens sérieux. A l'heure qu'il est, les sages-femmes ne savent rien cette ignorance les rend téméraires ; elles négligent trop souvent d'appeler le médecin dans des cas difficiles où leur ministère ne suffit pas. Une telle assurance aveugle a compromis maintes fois les jours de la mère ou ceux de l'enfant. Il serait ensuite utile de les écarter des grandes villes pour les refouler dans les petites localités. Dans les hameaux, tout le monde se connaît ; il est difficile de s'y livrer à un commerce clandestin et criminel. Celles, qui, ayant offert des garanties de moralité, demeureraient dans les grandes villes, à Paris surtout, devraient être pourvues d'une autorisation spéciale pour tenir une *maison d'accouchement*. Il importe qu'une surveillance plane

DES PLUS RÉCENTS TRAVAUX SUR LA QUESTION

sur ces établissements douteux, de manière à dévoiler les abus qui s'y cachent, sans enlever à de telles maisons l'obscurité qui convient aux mystères de la pudeur vaincue et confuse de sa défaite. Nous savons que des commissaires de police se sont plus d'une fois transportés, à Paris et dans les provinces, au domicile des sages-femmes, pour savoir le nom de leurs pensionnaires et pour vérifier la nécessité où ces dernières se trouvaient d'abandonner leur enfant. De telles visites ont presque toujours eu des résultats fâcheux. La main de la police est trop brutale pour toucher à ces voiles délicats ; s'il faut en croire des témoignages très graves, la décence n'aurait même pas toujours présidé à ces inspections. Nous voudrions que ces fonctions de surveillance fussent confiées, dans chaque arrondissement, à un ou deux médecins, dont le caractère serait estimé, et qui réuniraient aux lumières de la science une connaissance pratique du cœur humain. Quel tact moral ne faudrait-il pas pour distinguer, en toute occasion, le vice de la faiblesse abusée, pour marquer la limite entre une faute souvent généreuse et l'acte qui commence à être crime ou délit, enfin pour ne requérir l'intervention de la justice que dans les cas extrêmes, où tous les moyens de douceur et de persuasion auraient été essayés sans succès ! C'est, du reste, moins contre les mères que contre les fauteurs et les complices de l'exposition qu'il sera besoin de sévir.

Il y a une autre influence sur laquelle nous comptons pour combattre les manœuvres des sages-femmes. Déjà dans quelques villes existent des sociétés de charité maternelle, dont l'action bienfaisante, jusqu'ici fort bornée, pourrait concourir puissamment à conserver les enfants dans les familles. Il s'agirait d'organiser ces sociétés sur une échelle plus étendue. Nous voudrions qu'elles envoyassent au chevet du lit de chaque fille en travail un ange consolateur. La femme assistant la femme, la devinant, prévenant dans son cœur des idées de désespoir, d'abandon ou de suicide, quel spectacle ! C'est dans le monde, au milieu de la richesse et des plaisirs, qu'on recruterait des missionnaires pour cette œuvre utile, qui aurait aussi ses joies sérieuses. Il faudrait toute l'autorité de la vertu, mais d'une vertu douce et intelligente, pour traiter avec les faiblesses du cœur humain. C'est ici surtout que les caractères varient avec la nature de la faute : telle fille-mère a failli par légèreté, telle autre par besoin ; chez celle-ci, la conscience n'est pas

Alphonse Esquiros

morte, elle n'est qu'endormie ; chez celle-là, le remords et la honte menacent les jours de l'enfant ; il y en a peut-être qui ont secoué toute pudeur. Qui ménagera toutes ces nuances ? Nous parlons, les femmes agissent. Elles sont douées d'une pénétration merveilleuse pour entrer dans chaque souffrance. Leur charité distribuera à l'une un secours, à l'autre un conseil ; leur voix réveillera celles-ci de leur somnolence morale, épargnera à celles-là l'humiliation d'un aveu. Quand elles ne pourront sauver la mère, elles chercheront toujours à sauver l'enfant. Une fille a-t-elle résolu d'exposer son nouveau-né, elles feront semblant de consentir à la nécessité qui lui dicte cet arrêt fatal ; elles l'engageront seulement à le conserver durant une semaine. Gagner quelques jours avec la nature, c'est gagner tout. Le sentiment maternel a besoin d'être mis à l'essai. Presque toutes les femmes qui abandonnent et qui sacrifient leur enfant n'ont pas eu le temps de l'aimer. Ont-elles fait une fois l'apprentissage des devoirs de mère, elles y trouvent un charme qui les retient et qui les attache pour l'avenir à leur nouveau-né. L'indifférence vaincue, il faudra combattre encore la honte qui pousse au délaissement. Si l'enfant n'est pas la faute, il en est du moins la révélation ; c'est cette révélation que l'on hait, qu'on veut écarter de ses propres regards, et surtout des yeux du monde. Une morale éclairée fera comprendre à ces malheureuses que, si leur conduite de fille est peu digne d'éloge, leur conduite de mère peut leur mériter plus tard l'estime et le pardon. C'est rendre service aux filles-mères que de les forcer à élever leur nouveau-né : elles s'en détachent dans un premier moment de honte, de gêne ou d'indifférence ; mais plus tard quels regrets ! En venant à leur secours, on leur ménage un soutien, une consolation pour l'avenir. Ce n'est point dans le tourbillon des plaisirs, souvent même des désordres, que la voix de la nature se fait entendre. Les sentiments maternels sont plus lents à naître chez ces filles dissipées que chez les autres femmes ; mais quand la jeunesse, l'âge des étourdissements, a cessé, quand les adorateurs se retirent, on se souvient amèrement de l'enfant qu'on a mis au jour. C'est alors que le cœur parle, malheureusement il est trop tard. Où le retrouver ? Cet enfant ne repoussera-t-il pas d'ailleurs les bras qui l'ont lui-même rejeté ? On le craint, et la solitude, une solitude morne, éternelle, punit alors cruellement celles qui dans leur jeunesse ont oublié d'être mères.

DES PLUS RÉCENTS TRAVAUX SUR LA QUESTION

L'influence de telles sociétés charitables balancerait d'abord l'action malfaisante des sages-femmes ; elle ne tarderait pas à la dominer. Il est bien entendu que ces fonctions seraient purement honorifiques. A Paris surtout, on trouvera dans chaque quartier des mains blanches et oisives, toujours prêtes à s'entremettre dans une œuvre de bienfaisance. Le grand mal quand on donnerait au soulagement des peines les plus graves quelques-unes de ces heures dorées qui s'éteignent çà et là dans l'ennui d'un salon ou d'un boudoir ! Il ne faut pas que les filles-mères se sentent abandonnées ; chacune de ces malheureuses, reconnaissant qu'elle a sur elle les yeux de la société qui applaudit à ses efforts, à ses pénibles devoirs, à ses sacrifices, trouvera dans cette surveillance même un noble motif d'émulation, qui soutiendra son courage défaillant. N'oublions pas que sa tache est rude et ingrate. Les travaux de la maternité, déjà si écrasants pour la femme mariée dans les classes ouvrières, le sont bien davantage pour la fille isolée. Le mépris, d'autant plus dur qu'il est plus aveugle, habite précisément les régions basses de la société. Il faut être éclairé pour être bienveillant. Les gens du peuple ne comprennent rien à la vertu repentante, ni à une faute rachetée ; il est donc nécessaire que le baume et le pardon viennent de plus haut. Nous aimerions mieux voir aussi les secours d'argent passer par les mains de ces sociétés maternelles que par les mains de l'administration. Les plus faibles d'entre les faibles, celles qui ont aimé, n'en comprendront que mieux les rougeurs de l'amour facile et puni. Rien ne s'oppose, comme on voit, à introduire dans le service des enfants trouvés un ministère nouveau, le ministère des femmes du monde. Qu'on ne s'effraie pas de telles fonctions, moins faites pour exalter les vues ambitieuses d'un sexe timide que pour contenter son cœur. Il ne s'agit pas d'appeler les femmes du monde au maniement d'affaires administratives, mais d'envoyer au lit de la fille du peuple, après le grand désastre de l'honneur naufragé, une chaste colombe qui lui rapporte le rameau vert de l'espérance.

Les secours combattront le besoin ; les sociétés maternelles éloigneront les mauvais conseils et les résolutions funestes. Il reste encore un obstacle à vaincre, c'est l'embarras que cause à une ouvrière allant en journée la présence d'un enfant qui vient de naître. Une institution s'élève à Paris pour détruire cet inconvénient : nous avons nommé les *crèches*. Le premier essai de

Alphonse Esquiros

ce genre a été fait dans le quartier des Chaillot. On loua un local modeste, on acheta douze berceaux, quelques petits fauteuils, un crucifix, et le 14 novembre 1845 la crèche était ouverte. Un prêtre la bénit ; des sermons de charité furent prêchés dans les églises sur ce texte connu : *Infantem positum in præsepio*. L'éloquence de la chaire, si pauvre qu'elle soit aujourd'hui, trouva quelques inspirations touchantes ; le rapprochement entre la crèche de Bethléem, où l'enfant-Dieu fut couché sur un peu de litière fraîche, et celle de Chaillot, où l'enfant du pauvre allait trouver un berceau, des langes blancs et des soins charitables, tout cela était de nature à ouvrir la source des aumônes. Les aumônes coulèrent en effet. Mme la duchesse d'Orléans vint en son nom et au nom de son fils au secours de l'œuvre commencée. Nous aimons à voir ce qu'il y a de plus grand par la naissance descendre vers ce qu'il y a de plus petit et de plus faible. La crèche ayant réussi à Chaillot, d'autres quartiers de Paris accueillirent cette fondation utile. Vers la fin de décembre dernier, une crèche s'ouvrait rue de la Montagne-Sainte-Geneviève, au centre de la population la plus souffrante et la plus démoralisée. Nous avons visité ces lieux avec intérêt. Au milieu d'une grande cour, dont les bâtiments conservent un air abbatial, montez un escalier raide et étroit, sur les marches duquel la pauvreté a laissé ses traces ; au second étage (si ce n'est pas un troisième) se trouve la crèche : deux chambres aux murs nus, avec des berceaux garnis de rideaux blancs, une lingerie naissante et un tronc pour recevoir les offrandes des visiteurs. Dans la première pièce sont les nouveau-nés qui sommeillent, dans la seconde se tiennent les enfants au-dessous de deux ans, assis sur de petits fauteuils, et qui jouent. Deux dames de charité surveillent les berceuses. L'instant de la journée le plus intéressant est celui où les mères s'échappent de leurs travaux pour venir donner le sein à leur nourrisson ou prendre dans leurs bras leur enfant sevré. La tendresse de ces femmes, si belles dans ce moment-là sous leurs haillons, la joie angélique de ces petits êtres qui reconnaissent leur mère, qui voudraient lui parler et qui ne savent, tout cela met gracieusement en action ce vers du poète latin

Incipe, parve puer, risu cognoscere matrem.

On voit clairement le but des crèches : fournir aux mères pauvres qui travaillent un moyen économique de faire garder leur enfant

DES PLUS RÉCENTS TRAVAUX SUR LA QUESTION

durant la journée. Cette institution enlève une excuse et un motif grave au délaissement ; elle sert à renouer le lien de la famille, sans lequel tous les autres liens de la société se relâchent. Il importe néanmoins de modifier plusieurs des statuts : la crèche ne reçoit que les enfants dont les *mères se conduisent bien*.[1] Nous n'approuvons guère cette charité exclusive qui regarde aux mœurs de la personne secourue plus qu'à ses besoins et aux infirmités du premier âge. Ce ne sont d'ailleurs pas les femmes d'une conduite irréprochable, d'une vie sévère, qui abandonnent leurs nouveau-nés. En allégeant à ces dernières le fardeau de la maternité, vous faites sans doute une œuvre méritoire ; mais cette œuvre, ainsi restreinte, n'exerce plus aucune influence sur les expositions d'enfants trouvés, qui restent en dehors de votre prévoyance inutile. Il faut transporter aux crèches la liberté qui existe pour les tours, si l'on tient sérieusement à remplacer une institution qui favorise les causes du délaissement par une autre institution plus morale qui les prévienne. Le second inconvénient est dans la distance : une femme perdra une partie de sa journée, l'hiver par la gelée, presque toute l'année par la pluie, s'il faut qu'elle apporte, loin de chez elle, le matin, qu'elle allaite à midi et qu'elle reprenne le soir son nouveau-né. Pour que la crèche fût recherchée par l'ouvrière, il serait nécessaire que la crèche se trouvât toujours à la portée de son domicile. On voit combien ces établissements auraient besoin d'être multipliés. Nous avons visité tout ce qui existe jusqu'ici dans Paris, et ce que nous avons visité est encore peu de chose. C'est moins une œuvre faite que le noyau d'une œuvre. Du reste, l'idée nous semble féconde, et peut avoir d'heureux développements. Une bonne étoile s'arrêtera, nous n'en doutons pas, sur ces établissements si utiles, sur ces crèches où déjà l'enfant du pauvre est entouré d'un bien-être qui manquait au petit enfant de l'Évangile. Il faut maintenant que la bienfaisance vienne au secours de l'œuvre imparfaite. Si votre charité hésite encore, mères, regardez votre enfant ! Femmes du monde, donnez un berceau pour que le berceau de votre nouveau-né ne soit jamais vide !

Nous arrivons à un dernier moyen d'éteindre les expositions : c'est la recherche de la paternité. Dans l'état actuel des choses, l'enfant est puni, la mère est punie : est-il juste que l'homme qui est le

---

1 Premier article du règlement.

Alphonse Esquiros

plus coupable, souvent même le seul coupable, soit le seul aussi qui échappe au châtiment ? On objecte que le secours payé par le séducteur à la mère de l'enfant constituerait un privilège en faveur de la richesse. Ce privilège existe déjà ; tout le monde sait que ce sont les jeunes gens riches et oisifs qui, pour passer le temps, font œuvre de séduire les jeunes filles ; seulement, au privilège la recherche de la paternité ajouterait la charge. Dans l'état présent, ils trompent et ils abandonnent ; c'est tout profit. La seule objection grave qu'on élève contre la recherche de la paternité, c'est la difficulté matérielle, souvent même l'impossibilité absolue, de remonter à la preuve du délit. Aussi cette mesure est-elle extrêmement délicate. Avant la révolution de 89, la recherche de la paternité était admise en France. Elle s'est maintenue en Angleterre jusqu'à ces derniers temps. Une fille était-elle devenue mère, elle nommait le père de son enfant ; son serment était considéré comme une preuve, et suffisait pour faire condamner le séducteur à épouser la fille ou à payer la pension de son enfant jusqu'à la douzième année : un refus était puni d'un long emprisonnement. L'exercice de ce droit donna naissance à des fraudes considérables. Aujourd'hui, depuis 1834, ce sont les paroisses et non les filles qui mettent le père en cause pour en obtenir la pension destinée à l'entretien de l'enfant. La déclaration et le serment de la mère ne sont plus considérés comme des preuves suffisantes. Un tel usage s'introduirait-il heureusement dans les mœurs françaises ? Des hommes graves, qui appartiennent à l'administration, ne seraient pas éloignés d'admettre la recherche de la paternité, non toutefois pour imposer le mariage, en tout état de cause, comme peine de la séduction (au moyen-âge, il fallait choisir entre épouser la femme ou la potence), mais pour encourager les unions légitimes, qui sont la plus forte garantie contre l'abandon des nouveau-nés. C'est ici que les sociétés maternelles interviendraient encore avec succès ; leur influence toute de persuasion et de douceur enlèverait à la recherche de la paternité ce qu'une telle enquête a toujours d'odieux et de blessant entre les mains de la justice.

Les armes de la prévoyance pourront sembler insuffisantes en présence des causes si nombreuses qui invitent les mères au délaissement. Pas une de ces causes, la misère, la honte, la séduction, n'échapperait cependant tout-à-fait aux moyens que

DES PLUS RÉCENTS TRAVAUX SUR LA QUESTION

nous venons d'indiquer. Le temps ferait le reste. Si les enfants trouvés n'avaient pas disparu entièrement sous l'action de ces moyens pratiqués avec une persévérance intelligente, leur nombre aurait du moins beaucoup diminué. Il serait temps alors de porter la main sur les hospices. Nous arrivons, on le voit, au même but que l'administration se propose d'atteindre par la fermeture des tours ; seulement nous y arrivons après avoir tari la source des expositions d'enfants. Cette voie nous semble la seule raisonnable, la seule possible. Si la solution n'est pas là, elle n'est nulle part. La clôture des tours et des hospices, non comme mesure immédiate et préalable, mais comme objet d'efforts constants, comme mesure préparée, tel est le terme vers lequel doivent tendre les vues de l'administration. Tous les moralistes ont entendu sortir des sociétés anciennes et modernes une grande voix qui se lamentait, la voix de la mère pleurant le fruit de ses entrailles, que le sentiment de l'honneur ou une nécessité cruelle lui avait ravi. Tous ont rencontré sur le chemin Rachel abandonnée et refusant toute consolation, parce que ses enfants n'étaient plus pour elle. Quitte tes vêtements de deuil, ô femme inconsolée ! relève ta tête abattue, ô mère ! tes enfants sont retrouvés. Un système de charité plus large que celui des tours peut te les rendre.

Le chiffre total des malheureux qui vivent au milieu de nous privés d'état civil et de famille dépasse un million. L'antiquité ne voyait de motif d'intérêt au théâtre et ailleurs que dans l'existence de ces acteurs mystérieux sur la scène du monde. On ne comprenait alors que la poésie de la fatalité. Aujourd'hui la poésie de la charité, la poésie de la famille surtout, est destinée à remplacer la source désormais tarie où puisait la muse antique. Les naissances occultes doivent rentrer dans la règle des naissances ordinaires. L'opinion publique, tout en conservant l'amour du devoir et le respect du bien, pardonnera la faute de la fille à la tendresse de la mère. Il faut surtout qu'elle lève l'anathème jeté sur la tête de l'enfant, car nul ne peut être coupable d'une faute qu'il n'a pas commise. Le péché originel s'en va de nos croyances ; qu'il s'efface aussi de nos mœurs ! Les progrès du christianisme et de la philosophie ont rendu l'existence matérielle de l'homme sacrée jusque dans le sein de la femme ; ils doivent assurer maintenant son existence morale et civile. De quelque part qu'il nous vienne, tout enfant qui

Alphonse Esquiros

naît, aux yeux de l'état, c'est un citoyen ; aux yeux de l'économie politique, c'est un travailleur ; aux yeux de la religion, c'est un frère.

DES PLUS RÉCENTS TRAVAUX SUR LA QUESTION

ISBN : 978-1542775830

www.ingramcontent.com/pod-product-compliance
Lightning Source LLC
Chambersburg PA
CBHW072108280526
45788CB00006B/2455